CLARA CORIA

LAS NEGOCIACIONES
NUESTRAS DE CADA DÍA

Develando misterios encubiertos

ANDROGINIAS 21

Créditos

Título original:
Las negociaciones nuestras de cada día

© Clara Coria, 1989
2ª edición
© De esta edición: Pensódromo SL, 2021

Editor: Henry Odell - p21@pensodromo.com

Diseño de cubierta:
Cristina Martínez Balmaceda - Pensódromo

ISBN: 9798517816962

Índice

III. NEGOCIACIÓN Y GÉNERO

ANEXOS

La solidaridad no es un mito
tampoco una herencia genética:
es una elección ética y un compromiso social.

Existe una gran confusión: la de creer que el altruismo es sinónimo de solidaridad. Al mantener dicha confusión, mujeres y varones contribuimos a perpetuar una de las tantas formas de servidumbre femenina.

Dijo una mujer:
Me casé muy joven y junto con la maternidad me fui enterando de quién era. Una no aprende a negociar porque, en nombre del amor, hay que pensar en los otros antes que en una misma, aceptar la dependencia como natural y dar incondicionalmente sin esperar retribución.

Del editor

En las últimas ediciones publicadas de *El sexo oculto del dinero* y de *El dinero en la pareja*, decíamos:

> Hemos querido volver a publicar este texto de Clara Coria porque consideramos que los ejes principales de su análisis conservan una extraordinaria vigencia. La reflexión sobre el tema desarrollado sigue siendo indispensable para todos aquellos dispuestos a repensar y analizar críticamente el rol que juegan en el marco de la familia y de la sociedad en general.

Lo mismo podemos decir, 25 años después, de esta nueva edición —revisada y ampliada— de *Las negociaciones nuestras de cada día*, que constituye lo que vendría a ser el tercer volumen de la trilogía de Clara Coria dedicada al tema de la «sexuación del dinero».

Esta edición es una versión revisada del texto de

Clara Coria publicado en 1996 que contiene, además, una sección de Anexos, que incluye una serie de textos de la autora aparecidos antes y después de la primera edición. Hemos decidido su inclusión considerando que enriquecen el texto central y amplían las líneas de reflexión.

Por último, y al igual que con *El sexo oculto del dinero* y *El dinero en la pareja*, este libro es un contenido para ser leído con la mente abierta, una actitud sincera y autocrítica, dispuestos a la difícil tarea de aceptar cuestionamientos que pueden remover convicciones enraizadas en las profundidades de nuestro concepto de vida. Continuamos así impulsando contenidos editoriales desde los cuales trasladar voces de mujeres y hombres que apuesten no solo por un mayor equilibrio de lo femenino y lo masculino en la sociedad contemporánea, sino que «…se vean tentados a cambiar el modelo y se sientan menos temerosos de compartir la vida de una manera menos violenta y más equitativa».

Barcelona, mayo 2021

PRÓLOGOS

A manera de prólogo
Las negociaciones nuestras de cada día
20 años después

Han pasado 20 años desde la primera edición de *Las negociaciones nuestras de cada* día y el mundo ha seguido hundiéndose en luchas cada vez más tortuosas en pos de poderes absolutos que casi siempre han pretendido disimularse bajo las «mejores intenciones». Las interminables negociaciones con las que se pretende resolver intereses contrapuestos se arropan con el manto de la paz pero sostienen valores éticos faltos de solidaridad. Siguen siendo negociaciones que privilegian la astucia en beneficio de unos pocos en lugar de encontrar un punto de equilibrio para satisfacción de todos. El modelo patriarcal —jerárquico y favorecedor de privilegios— sigue gozando de buena salud tanto en el ámbito de lo social como en el de la subjetividad, sea esta femenina o masculina. Sin ninguna duda han habido cambios en nuestro complejo mundo actual que, si bien no abarcaron a todo el planeta, mejoraron la condición de las mujeres. Pero muchos de esos cambios suelen ser solo modificaciones cosméticas que siguen coexistiendo con viejas concepciones del modelo patriarcal disimuladas bajo sofisticadas y aparentes escenarios de libertad. Estoy convencida que la liberación femenina no consiste en imponer la sumisión masculina sino que se trata de revisar en profundidad los valores éticos sobre los que se asienta la organización social y, como consecuencia, la conformación de la subjetividad y el vínculo solidario entre los géneros.

Uno de los motivos que contribuyen a la persistencia del modelo patriarcal —y que se desliza sutilmente aún donde ya se han instalado cambios que favorecen la libertad femenina— reside en el fenómeno de naturalización. Eso significa que las características constitutivas del modelo patriarcal (jerarquía, privilegios, violencias, distribución de roles por género, naturaleza como destino, etc.) siguen existiendo en las prácticas tanto masculinas como femeninas sin conciencia de que se sigue reeditando lo que se intenta combatir. Esto sucede en parte porque lo que se ha mamado durante siglos termina siendo considerado «natural» y por lo tanto obvio e invisibilizado en la propia subjetividad. La desnaturalización de la moral —y ética— patriarcal requiere un laborioso proceso de cambio en las subjetividades, tanto de hombres como de mujeres.

El tema de las negociaciones en la práctica cotidiana del vivir pone en carne viva los modelos de convivencia con los otros y con uno mismo. Las negociaciones, necesariamente, tienen por meta un acuerdo y dicho acuerdo requiere de una adecuada evaluación de los costos. Es sabido que absolutamente toda acción tiene costos, de la misma manera que los tiene toda inacción. En otras palabras, los costos son inevitables y no dejan de pasar factura a lo largo de la vida. Es por ello que la elección de los mismos es la clave para el cambio y el punto de partida, indefectiblemente, es esa negociación con uno mismo. Eso significa que cualquiera fuese la elección será inevitable ceder algo y en esto reside el meollo de toda negociación. Sin ninguna duda, es aquí donde la sabiduría reside en elegir el costo menos oneroso que dependerá del modelo ético con que cada quien oriente su vida y de las circunstancias que lo hagan posible.

Mi mayor deseo es que este libro siga sirviendo de estímulo para que las nuevas generaciones —y las no tan nuevas— se lancen a la aventura de descifrar dónde se ubica el costo menos oneroso para cada quien y cual es el que mejor contribuye a que nuestra sociedad no se pierda en su propia voracidad de poder y de violencia. Ahora más que nunca, lo personal es político y lo individual afecta a toda la humanidad.

Clara Coria
Buenos Aires, 2016

Prólogo de la autora
a la primera edición

En la última década, la negociación comenzó a estar en la mira de las vanguardias intelectuales. La necesidad de descubrir estrategias que permitieran resolver satisfactoriamente las complejidades de los intereses políticos y empresariales despertó el interés de los centros de estudio más renombrados. También el de los profesionales del Derecho quienes, con el nombre de «mediación», dieron nacimiento a una nueva disciplina, cuyo objetivo es favorecer la resolución de diferendos entre partes litigantes, tratando de evitar asperezas innecesarias y el deterioro de los vínculos humanos.

Las negociaciones y las mediaciones se pusieron a la orden del día. Sin embargo, a pesar del interés sostenido y entusiasta, poco se ha investigado acerca de las negociaciones «sin nombre» —las que se llevan a cabo diariamente—, aquellas que fluyen de la mañana a la noche, pasando de la cama a la mesa, a través del baño, los pañales, la limpieza hogareña, la asignación del coche familiar, la distribución del dinero y los tiempos de reposo o distracción. Tampoco se ha indagado acerca de las inhibiciones que —independientemente de su capacidad y sus habilidades— sufren muchas mujeres a la hora de negociar. No son excepcionales los conflictos en los que suelen enredarse no pocas de ellas por creer que solo la gente «interesada» negocia o porque la necesidad de ser «justas» las inhibe para defender sus intereses personales.

Me resultó fascinante descubrir que había demasiadas cosas silenciadas en un tema que se impone cada vez más y que ya ocupa las carteleras de universidades y academias. No pude resistir la tentación de zambullirme en el trema cuando descubrí, con gran sorpresa, que no pocas mujeres de reconocida experiencia en los ámbitos políticos y empresariales caían en incomprensibles confusiones cuando debían defender intereses personales. Como una de ellas dijo:

> Soy una leona para negociar intereses ajenos y una liebre asustadiza para defender los propios.

Resultaba más que evidente, a mis ojos de psicóloga entrenada para desentrañar conflictos, que las dificultades que presentaban muchas de ellas no eran producto de la inexperiencia ni de la falta de capacitación, ni mucho menos de la falta de inteligencia. Allí había algún misterio oculto.

Decidí poner el foco en las negociaciones de la vida cotidiana porque consideré que era el espacio donde se producen los primeros mecanismos de negociación y ello me ofrecía la ventaja de captarlos en la desnudez de sus orígenes. La cotidianidad tiene algo en común con la selva virgen: está llena de vida pero también de riesgos que intuimos y no logramos percibir. En la cotidianidad —como en la selva— algunas de las sombras que nos protegen del sol ardiente son producto de peligros acechantes. El análisis de las «negociaciones nuestras de cada día» nos abre el misterio de lo encubierto, de la misma manera que la limpieza de vestigios arqueológicos deja al descubierto muchas de las huellas pasadas que condujeron al presente.

En mi trayecto de escritura, el prólogo resultó ser el último tramo. Por eso estoy en condiciones de adelantar —a quienes al leer harán el recorrido inverso al que yo hice al escribir— que no fueron pocas las sorpresas que surgieron a lo largo de tres densos años de investigaciones. De ellas dejo constancia en los ocho capítulos que componen este libro. Luego de reiterados cambios en los que buscaba —no siempre con éxito— la estructura que consideraba más pertinente para presentar este tema, decidí organizar el libro en tres partes. En la primera, planteé los criterios más generales —probablemente polémicos— respecto de las negociaciones cotidianas. En la segunda parte me dediqué a puntualizar los elementos concretos sobre los cuales es posible operar para obtener mejores condiciones de negociación. Para ello, analicé los requisitos personales para negociar y los obstáculos más frecuentes con que tropiezan muchas mujeres.

Dejé para la tercera y última parte dos temas que considero clave: las negociaciones «consigo misma» y las relaciones entre negociación y género. En el último capítulo hago especial hincapié en la diferencia entre altruismo y solidaridad. Esta diferencia explica muchas situaciones de la problemática femenina.

Considero importante que los que aborden este libro cuenten con elementos para saber a qué atenerse y evitar ser «tomados por sorpresa». Según mi criterio, es una forma de respeto y libertad. Consecuente con ello deseo señalar que este libro ha sido escrito desde una perspectiva de género en la cual se ha focalizado la problemática femenina. Sin embargo, ello no margina a los varones. Siempre he sostenido —y sigo sosteniendo— que lo que afecta a una mitad de la humanidad necesariamente afecta a la otra. Por lo tanto, no resulta sorprendente que, al dilucidar ciertos conflictos «femeninos» se abran también vías de esclarecimiento útiles para los varones. Sin ninguna duda, la posibilidad de llevar adelante investigaciones similares —también desde el género— que den cuenta de la problemática masculina, enriquecería y completaría el complejo espectro de las negociaciones entre mujeres y varones. Mi compromiso consciente —en el que he puesto mi mayor esfuerzo— ha sido desnudar los prejuicios encubiertos en los mandatos y las tradiciones sociales. Pero como yo también soy un producto social, he tratado de estar muy alerta respecto de mis propios prejuicios. Mi postura antidiscriminatoria no hace responsables a los varones por las discriminaciones que padecen las mujeres, sino al sistema de valores autoritarios y jerárquicos de los cuales no estamos exentos ni unas ni otros.

Finalmente, este libro recoge las voces de infinidad de mujeres que fueron capaces de desnudar sus sentimientos más profundos creando, para su propia sorpresa, redes solidarias en las que podían reconocerse más allá de las diferencias culturales y personales.

Este libro está destinado a mujeres y varones que anhelan un mundo más solidario. La solidaridad, como ya anticipé, no es un sueño utópico que navega al vaivén de la corriente de los tiempos ni tampoco una consecuencia ineludible de la herencia genética. Ni tan lábil ni tan estricta, la solidaridad es una construcción social y, como tal, requiere de la participación voluntaria de las personas que consideran que la paridad en los vínculos humanos es mucho más oxigenante que los privilegios. Elegir la solidaridad es, a mi juicio, una opción ética. Si se lograra que las negociaciones dejaran de ser concebidas como un campo de batalla, tal vez sería posible convertirlas en recursos útiles al servicio de la reciprocidad. Con esta intención escribí *Las negociaciones nuestras de cada día*.

Clara Coria
Buenos Aires, 1996

I
CONCEPTOS GENERALES

1. Introducción

Abordar las negociaciones nuestras de cada día es poner énfasis en todas aquellas tratativas que exceden el ámbito exclusivo de lo económico, lo comercial y lo político, ya que no se realizan exclusivamente en esos ámbitos. Las circunstancias de la vida cotidiana nos ponen en situación de tener que negociar de la mañana a la noche con la familia, con nuestras amistades, con nuestros compañeros sexuales y con nosotros mismos. Sin embargo, por muchos motivos que iremos dilucidando, no todas las personas tienen conciencia de ello. Algunas niegan que dichas negociaciones existan, pero lo mismo negocian sin advertir que lo están haciendo... y entonces lo hacen mal. Otras se avergüenzan de asumirlo explícitamente y pierden espontaneidad. Hay también quienes evitan cuidadosamente negociar y se convierten en corresponsables pasivas de lo que sucede a su alrededor. Sin embargo, el hecho de negarlas o eludirlas no las hace desaparecer ni les quita presencia; por el contrario, agrega no pocos obstáculos y perturbaciones personales en las relaciones.

Sabemos que resulta inevitable abordar tentativas permanentes con las personas más cercanas en nuestros intercambios cotidianos por todo aquello que nos incumbe. Desde cosas tan generales y perentorias como la atención de los hijos, la distribución de las tareas domésticas, la administración del dinero, el empleo del tiempo libre, la atención de los mayores y enfermos, etcétera, hasta decisiones muy puntuales como el uso del coche familiar, la elección de los esparcimientos o simplemente dirimir quién se ocupará de preparar el desayuno los días festivos o quién tomará posesión del lado más disputado de la cama. A esto debemos agregar las no menos complejas tratativas a las que nos vemos obligados en nuestra vida de relación sexual. Desde la simple pero nada fácil explicitación de los gustos personales al respecto hasta las arduas negociaciones a las que se ven obligadas muchas personas, fundamentalmente mujeres, para intentar un «sexo sin riesgos». No son pocos los varones que se resisten al uso del preservativo con el argumento de «¿No confiás en mí?» ni tampoco son pocas las mujeres que ceden a las exigencias masculinas por temor a ser abandonadas.

¿Qué es negociar?

Si tuviéramos que definir qué es lo que entendemos por «negociación» podríamos decir que las negociaciones no son ni más ni menos que todas aquellas tratativas con las que intentamos lograr acuerdos cuando se producen divergencias de intereses y disparidad de deseos. Es inevitable que existan divergencias, porque si bien los seres humanos somos semejantes en nuestras necesidades profundas también somos totalmente únicos en nuestra modalidad para satisfacerlas. El amplio espectro de intereses y deseos genera diferendos que reclaman ser resueltos de una u otra manera.

Estos diferendos suelen ser mucho más conflictivos cuando surgen en situaciones donde los afectos ocupan un lugar destacado, lo cual sucede con mayor frecuencia en el ámbito privado. Es allí donde los afectos se convierten en el eje que da sentido a las relaciones, pero también es allí donde se suele aplicar la «lógica de los afectos» de manera indiscriminada y generar así graves confusiones y «empastes». Con frecuencia se confunde «querer bien» con «ser condescendiente», «amor» con «servidumbre», «solidaridad» con «altruismo». Estas confusiones son a menudo origen de grandes dificultades para llevar a cabo negociaciones en este ámbito. Ciertos comentarios son evidencias contundentes de dichas dificultades. Por ejemplo, algunas personas sostienen que no pueden negociar con familiares y amigos con la misma libertad y eficacia con que consiguen hacerlo en el ámbito público. De igual manera, muchas mujeres reconocen que son incapaces de negociar para sí con la misma habilidad con que lo hacen cuando defienden intereses ajenos.

Un punto clave es que las negociaciones son

consecuencia de diferendos, ya que las coincidencias no plantean ninguna necesidad de negociar. En ese sentido, podemos afirmar que las negociaciones denuncian que los diferendos existen y con ello rompen una ilusión (entre otras): la ilusión de semejanza y afinidad total con aquellos a quienes amamos. Esta ilusión que identifica amor con afinidad total es responsable en gran medida de muchas dificultades para negociar cuando los afectos circulan por medio, porque a menudo las negociaciones suelen ser interpretadas como «atentados» a la unidad amorosa o como evidencias de desamor a causa de los diferendos, que son consecuencia de la vida humana y no desaparecen por decreto. Por ello, a las personas no les queda otra alternativa que intentar resolverlos.

¿Imponer, ceder o negociar?

Resolver los diferendos es una eterna tarea humana nada fácil de realizar. Ante esa necesidad ineludible, las personas echan mano —según su estilo y su sensibilidad— a tres alternativas posibles: imponer, ceder o negociar.

El hecho de considerar la negociación una alternativa que se agrega a las muy tradicionales de imponer o ceder, sorprendió a más de una de las mujeres que participaron en los talleres que coordiné sobre el tema. La sorpresa provenía de descubrir que la negociación no solo no era una «mala palabra» que connotaba una supuesta actitud «materialista», «fría» y/o «calculadora» sino que, además, en la tríada de actitudes posibles para enfrentar los diferendos, la negociación era la alternativa que ofrecía mayores garantías de respeto humano. Es, intrínsecamente, una alternativa no autoritaria, ya que —por definición— incluye un espacio para que las distintas partes puedan defender sus intereses y sus necesidades. Sin embargo este descubrimiento no lleva a disolver automáticamente los prejuicios personales y los mitos sociales que hacen que la negociación sea para muchas mujeres un comportamiento desprestigiado, indigno de quienes se quieren, antifemenino o poco espiritual.

Muchas tienden a creer equivocadamente que la negociación es un mecanismo «natural» y exclusivo del ámbito público y que, por lo tanto, su empleo en el ámbito privado empaña las relaciones personales y afectivas y las contamina de «materialismo», «especulación», «egoísmo» y otros gérmenes. Circula un ocultamiento tendencioso que pretende hacer creer que las negociaciones que se llevan a cabo en el ámbito de lo privado tienen un halo de «indecencia».

Todo esto contribuye a que no resulte fácil revertir la mala fama que tiene la palabra «negociación». Para algunas personas, negociar es «hacer trampas y enredos». Para otros, es sinónimo de corrupción, debido a prácticas muy actuales y tristemente frecuentes como son, por ejemplo, los «negociados». Este es un término derivado de «negociación» que hace referencia a los acuerdos venales. No faltan tampoco mujeres para quienes negociar es lanzarse a una lucha leonina donde se juega la vida. Ante tal variedad de significados que se le atribuyen a la negociación resulta imprescindible destacar que no es necesariamente —como la plantean muchas personas y ciertas corrientes políticas, económicas y filosóficas— una lucha a muerte en la que el beneficio del ganador surge a expensas de la destrucción del perdedor. *Ganar —a mi juicio— no es obtener el máximo de beneficio específico en aquello que se disputa sino que incluye cuidar la relación con quien se negocia y contribuir, de alguna manera, a la preservación tanto de la persona como de la relación.*

¿Es ético negociar?

La afirmación anterior nos conecta directamente con el tema de la ética y su relación con la negociación. Es importante tener presente que la negociación como alternativa para resolver diferendos no es mala o buena en sí misma. Igual que el dinero o el poder, depende de cómo se la utiliza y con qué objetivos. La negociación adopta signos positivos o negativos según el contexto ético dentro del cual se la pone en práctica. Así por ejemplo, en un contexto de corrupción, las negociaciones son corruptas. En un contexto de competencia extrema, son leoninas. En un contexto de solidaridad, son alternativas para hallar soluciones que contemplen las necesidades de las partes. Es el contexto ético en el que se inserta cada negociación el que le confiere los atributos. *En otras palabras: el peligro que muchas mujeres atribuyen a la negociación no reside en negociar sino en la ética que se esgrime al hacerlo.*

Al respecto resulta muy importante no confundir los recursos con su utilización. Muchas de las mujeres que no discriminan suelen terminar renunciando a negociar por temor a caer en una práctica reñida con la ética y la solidaridad. Este error las conduce a autopostergaciones reiteradas que deterioran sus vínculos más intensos, porque *la solidaridad no consiste en ceder espacios y aspiraciones legítimas sino en repartir equitativamente tanto los inconvenientes como los beneficios.*

¿Es menos violento ceder que negociar?

Es frecuente comprobar que muchas mujeres prefieren ceder antes que negociar para mantener lo que ellas llaman la «armonía del hogar». El mantenimiento de esa armonía suele consistir en evitar discusiones, en tolerar estoicamente el disgusto del cónyuge o simplemente en soportar el cansancio que produce el infructuoso intento de establecer un diálogo con un compañero permanentemente esquivo.

Mirado desde este ángulo, el hecho de ceder les resulta mucho menos violento, porque se convencen de que postergar o evitar el malestar es hacerlo desaparecer. Sin embargo, esa «no violencia» es solo aparente, porque es el resultado de amordazar permanentes desacuerdos.

Se les oye decir:

No lo voy a contradecir para que no se enoje.

Mejor me callo, si no terminaremos peleando.

Prefiero renunciar a lo que me gustaría con tal de mantener la armonía del hogar.

En estos casos se trata de un ceder aplacatorio por temor a las reacciones o los castigos de aquel con quien desacuerdan. El ceder aplacatorio es muy distinto del ceder estratégico, por el que se acepta renunciar a una parte de los propios intereses para hacer posible un acuerdo que finalmente resuelva los diferendos. *El ceder aplacatorio abre la puerta a las condescendencias que terminan convirtiéndose en sumisiones.* Es resultado de múltiples violencias invisibles. Violencias que, por ser tan habituales, terminan naturalizándose y pasan inadvertidas. Todo el mundo sabe —aunque no siempre lo tengamos presente— que la violencia no reside solo en la actitud desenmascaradamente hostil, el gesto atemorizante o la palabra mordaz. La violencia ocupa espacios que no siempre son evidentes. Y su forma más encubierta no es la menos dañina.

Hay infinidad de violencias que son «invisibles» para nuestros ojos simplemente porque no estamos acostumbradas a considerarlas como tales. Muchas de ellas se ocultan y escudan detrás de hábitos nunca cuestionados, prescripciones sociales e inercias personales. Algunas de las más frecuentes son el silencio autoimpuesto, las autopostergaciones y la sacralización de los roles femeninos. Veamos a qué me refiero.

El *silencio autoimpuesto* es el que resulta de ahogar emociones, disimular actitudes o encubrir pensamientos por temor a provocar disgusto, malestar o incomodidad. Es un silencio que bloquea y desdibuja la presencia de la persona como sujeto al reducir sus deseos y opiniones a una acomodación condescendiente en calidad de satélite del otro. Lo que «no se puede decir» queda aprisionado en algún espacio virtual, y ese aprisionamiento se convierte en espacio de violencia invisible. Y nos preguntamos, junto con el poeta: «¿Adónde van las palabras que no se dijeron?[1]» ¿Adónde van los anhelos abortados, los silencios forzados y las renuncias autoimpuestas? Seguramente van a parar a una cuenta interminable de facturas incobrables que se cubren con la herrumbre del resentimiento.

La *autopostergación*, sobre todo dentro del grupo familiar, pone en evidencia que existe un reparto poco equitativo de las oportunidades. Suele pasar inadvertida porque se apoya en justificaciones legitimadas por el orden social como es, por ejemplo, decir que «toda autopostergación femenina está justificada cuando se hace en aras de la felicidad de aquellos a quienes ama». No deja de llamar la atención una concepción tan particular del amor que se basa en la abnegación y la falta de reciprocidad. Dicho de otra manera, en un aprovechamiento unilateral. Una mujer comentaba que en la época de su noviazgo, la tía de quien sería su marido cuestionaba su relación sosteniendo: «Esta chica es demasiado ambiciosa para ser buena esposa de un médico», con lo cual daba por sentado que su sobrino necesitaba una mujer que estuviera a su servicio y dedicara sus mejores energías a consolidar su carrera profesional, al margen de cualquier ambición personal. Esta tía (mujer seguramente tradicional y

---

1. Silvio Rodríguez, *Adónde van.*

celosa custodio de los valores conservadores) prefería para su sobrino a una mujer capaz de vivir para otro y a través de otro, que se olvidara de sí misma y se sintiera halagada por estar destinada a desempeñar un rol no protagónico. No son poco frecuentes las mujeres que, convencidas de que ese rol de acompañante constituye un privilegio, dedicaron la vida a sostener y consolidar la carrera de sus esposos.

La *sacralización* de los roles femeninos es otra forma de la violencia invisible doméstica. La mujer como «la reina del hogar» es un eufemismo y una de las bromas más brillantes que inventó la sociedad patriarcal. Sin entrar en detalles, todos sabemos que las reinas de verdad son atendidas, servidas, complacidas, vestidas, alimentadas, homenajeadas, paseadas, protegidas, educadas, etcétera, mientras que las amas de casa, aspirantes a reinas hogareñas, deben dedicar sus energías —para seguir siendo merecedoras del pedestal al que aspiran— a atender a otros, servir a otros, limpiar para otros, sostener afectivamente a otros, curar a otros, proteger a otros, educar a otros, etcétera. Hay que tener mucha imaginación para llegar a creer que ambos reinados son equivalentes. La sacralización de los roles hogareños disfraza con ropaje sagrado lo que es simplemente servidumbre. Y aquí nos encontramos con una doble violencia: la de la servidumbre y la del engaño.

Otra de las situaciones cotidianas más frecuentes de violencia invisible es la que plantean los estados de dependencia no «naturales»[2]. Una de las más evidentes

---

2. Una dependencia «natural» sería, por ejemplo, la de los niños durante su infancia.

y más naturalizadas es la *dependencia económica*
de las mujeres en el matrimonio cuando el ingreso de
recursos económicos es producido exclusivamente por
el varón[3]. Recuerdo el comentario de un varón que
se consideraba «progresista» que, en rueda de amigos
afirmó con orgullo que aunque era él quien proveía el
dinero en su casa, su mujer no era dependiente «porque
ella no tiene ningún problema en usar *mi* dinero como
propio». Este comentario, además de ser un lapsus,
era la expresión cabal inconsciente de su concepción
sobre el dinero, y por ende, de la dependencia de
su esposa. En esta dependencia está instalado un
espacio de violencia invisible sostenido por un marido
que ostenta una equidad inexistente y una esposa que
probablemente avale esas afirmaciones como ciertas.
En estas condiciones, resulta poco probable que a
ella se le ocurra negociar una autonomía de la que
supuestamente ya dispone.

A partir del análisis de estas diversas situaciones
cotidianas es posible afirmar que, ceder por temor,
concentra mucho mayor violencia que afrontar
negociaciones. El miedo está en la raíz del ceder
aplacatorio. Por miedo muchas mujeres ceden espacios,
postergan proyectos, hacen concesiones innecesarias,
toleran dependencias, silencian opiniones y asumen
unilateralmente la responsabilidad de la «armonía
familiar». Con todos esos cederes aplacatorios, muchas
mujeres se convierten en cómplices no voluntarias de
la violencia de un sistema discriminador y poco

---

3. Este tema ha sido ampliamente desarrollado en mis libros *El
sexo oculto del dinero* y *El dinero en la pareja*, ambos publicados por
Pensódromo 21.

solidario. Por miedo, muchas mujeres «se hacen a un costado» quedándose al margen de sí mismas. Prefieren ceder para no negociar, con tal de que los otros «no se enojen».

El ceder aplacatorio no es inocuo. En apariencia, resulta ser —para quienes así actúan— la mejor alternativa antes que abordar una negociación a la que vivencian como intrínsecamente violenta. Sin embargo, a medida que se acumulan cederes aplacatorios, se van acumulando también resentimientos. Y estos dan nacimiento a nuevas violencias, generalmente también «invisibles». Con lo cual el ceder aplacatorio —producto de muchas violencias invisibles— se convierte a su vez en generador de violencias que aparecen disfrazadas. Un ejemplo son los reclamos de reconocimiento que hacen muchas mujeres por todas las actitudes de abnegación que fueron acumulando a lo largo de la vida con cada autopostergación. Muchos rostros de mujeres son desafortunadas evidencias de los efectos devastadores de la violencia invisible ejercida contra ellas y de la contraviolencia actuada por ellas como reacción defensiva. Rictus desolados, miradas desvitalizadas, expresiones rígidas son mucho más envejecedores que cientos de arrugas provocadas por haberse reído mucho.

Podríamos sintetizar diciendo que el ceder aplacatorio junto con la imposición forman parte de una conocida díada. Imponer y ceder son dos caras de una misma moneda, que tiene por eje a la violencia. Quienes imponen, ejercen violencia sobre otros porque invaden espacios ajenos, acallan opiniones y descalifican sentires. Quienes ceden, sufren la violencia ajena y, a la vez, la vuelven contra sí mismos al tolerar la autopostergación. Ambas violencias se perpetúan y se potencian con la carga de resentimientos que generan los sometimientos.

Tres hipótesis sobre negociación y género

Para concluir esta introducción al tema, deseo hacer incapié en que los significados perturbadores que muchas mujeres atribuyen a la negociación —y que circulan de manera inconsciente— se convierten en serios obstáculos para negociar. Muchas de las dificultades que experimentan mujeres de probada capacidad intelectual, cuando deben aplicar en la práctica lo aprendido en sofisticados cursos de capacitación, no tienen que ver con la falta de inteligencia o de habilidades específicas. *Dichas dificultades son en realidad síntomas que expresan conflictos.* Estos están íntimamente relacionados con los condicionamientos del género femenino, como iremos viendo a lo largo de este libro, aún cuando no dejo de considerar que dichos conflictos están multideterminados y que, además, no son patrimonio exclusivo de las mujeres. Esto me lleva a plantear dos hipótesis que se complementan con una tercera. Las dos primeras hipótesis son:

1) Las diversas formas de inhibición que llevan a muchas mujeres a ceder (con un sentido aplacatorio) para evitar negociar, como también

a experimentar malestares significativos cuando están negociando, son síntomas que evidencian la existencia de conflictos.

2) Muchas de estas dificultades no son patrimonio exclusivo de las mujeres pero las afectan mayoritariamente, porque el aprendizaje del género femenino presenta condicionamientos que determinan en las mujeres mayor vulnerabilidad y menores recursos para enfrentarlos.

Estas dos hipótesis se complementan con una tercera que, a mi juicio, se convierte en clave inestimable no solo para comprender teóricamente aspectos profundos de esta problemática sino también como herramienta conceptual que permite transitar caminos de transformación en la práctica concreta que trascienden la teoría.

3) Altruismo no es sinónimo de solidaridad. Sin embargo, se perpetúa una identificación incongruente de ambos conceptos. Dicha identificación se convierte, para muchas mujeres, en un obstáculo que inhibe en ellas las actitudes negociadoras.

Estoy convencida de que la posibilidad de discernir entre el altruismo y la solidaridad es una de las claves fundamentales que permiten poner en marcha cambios concretos en los comportamientos de muchas mujeres en lo que respecta a la negociación. Por ello le asigno a esta tercera hipótesis un valor particularmente significativo. Estas tres hipótesis serán desarrolladas en el último capítulo, que está dedicado a analizar las relaciones específicas entre negociación y género.

Podemos finalizar esta introducción diciendo, de forma sintética, que la negociación que asusta a tantas mujeres cuando deben implementarla para defender intereses propios no es el fantasma que se quiere hacer creer. Es la menos violenta de las alternativas de que disponen los seres humanos cuando se ven en la necesidad de resolver sus diferendos. Pero es mucho más trabajosa y demanda creatividad. Como si esto fuera poco, el hecho de negociar plantea también un desafío personal de cada una consigo misma. Me refiero al desafío que consiste en mantener un equilibrio entre el derecho a defender los propios intereses y controlar las pulsiones de dominio que atentan contra los intereses ajenos. E incluso hay algo más: al cabo de años de investigar, llegué a la conclusión de que casi cualquier negociación empieza siendo una negociación consigo mismo, pero que por la complejidad que ello significa suele ser, con frecuencia, lo último que se aborda cuando debería ser lo primero. Estoy convencida de que no es casual que esta certeza haya aparecido cerca del final de mis investigaciones. Con frecuencia es posible comprobar que cuando el punto neurálgico es candente resulta contraproducente —y a veces imposible— abordarlo de entrada. Se impone, más allá de nuestro deseo, llegar a él dando vueltas, de la misma manera que para atravesar una montaña empinada es necesario ir zigzagueando. La distancia por recorrer se duplica, pero, paradójicamente, es la única manera de acortarla. En este libro respetaré ese «orden de aparición» colocando el capítulo correspondiente a las «negociaciones con una misma» también al final, y sugeriré muy expresamente a lectoras y lectores que controlen los impulsos de precipitarse (como yo tuve que controlar los míos), porque no es poca cosa la preparación y «ablande» que exige el poder enfrentarse con ese tema.

2. Los «no negociables»

En muchas charlas dirigidas a mujeres, el tema de la «negociación» despertaba casi inevitablemente encendidos enfrentamientos que, con frecuencia, se sintetizaban en dos posturas con valores opuestos. Se dejaban oír voces exaltadas que sostenían con fuerza que «hay cosas que no se negocian», haciendo referencia al amor, la solidaridad, la honestidad o la dignidad humanas, entre otros valores. Con la misma intensidad y convicción siempre alguien respondía que «todo es negociable… solo es cuestión de precio».

Lo «no negociable» es aquello que traspasa el límite, muy personal y subjetivo, de lo que las personas están dispuestas a ceder, en función de sus necesidades, valores y ambiciones. Pero también es lo que no se discute —ni se cuestiona—, porque pareciera formar parte de la propia naturaleza, sin la cual cada uno deja de ser quien es.

Lo que no se discute

Llamó profundamente mi atención descubrir que muchas mujeres ponían en la bolsa de lo «no negociable» una cantidad de actitudes que no solo no eran cuestionadas, sino ni siquiera factibles de ser pensadas. Entre esas actitudes figuraban, casi en primer plano, comportamientos cotidianos tales como preparar el bolso del fin de semana o del club para el marido (que no era discapacitado), cambiar automáticamente el papel higiénico cuando quien terminó el último rollo fue otro miembro de la familia, levantarse de la mesa a buscar la sal cuando otro expresaba la necesidad de sazonar mejor su propia comida, cambiar los pañales con caca aun cuando al marido le guste compartir las tareas hogareñas. Al respecto, una mujer comentaba:

> Mi marido es recolaborador. ¿Pero qué hubiera pasado si no fuera así? En mi casa compartimos mucho porque a él le gusta cocinar y salir con los chicos. Me doy cuenta de que compartimos porque es él quien lo decide. No le resto mérito a eso, pero me pregunto: si él no fuera así, ¿tendría yo la fuerza necesaria para negociar y equilibrar las cosas? Porque acabo de darme cuenta de que él limpia los pañales con pis pero no los que tienen caca. Yo lo dejo pasar porque veo que hace otras cosas, pero … ¿y si todos los pañales fueran con caca?

Es evidente que cambiar los pañales con caca nada tiene que ver con comportamientos éticos ni con valores humanos. Es una actividad que más bien engrosa la lista de los trabajos serviles que en la antigüedad estaban destinados a los esclavos y, en las clases privilegiadas de hoy día, al personal doméstico. Sin embargo, aun cuando haya una diferencia ostentosa entre cambiar un pañal con caca y adoptar un comportamiento deshonesto, ambas actividades son igualadas y colocadas cuidadosamente en el mismo nivel de los «no negociables», es decir de aquellas cosas sobre las que no se discute.

Los «no negociables» suelen adoptar variadas y curiosas formas, generalmente a la medida de los pactos no explicitados con que las parejas y las familias han armado la trama vincular.

Otra mujer comentaba que durante diez años acompañó a su marido a un club donde él desarrollaba una actividad muy específica y exclusiva y ella quedaba excluida sin otra posibilidad que llevar un libro para leer. Nunca se le había ocurrido «negociar» con su marido los fines de semana. Negociar, por ejemplo, que se iban a alternar en el rol de acompañantes o que cada tanto iban a tomarse la libertad de disfrutar sin la compañía del otro. Era algo impensado e impensable, no porque estuviera prohibido sino simplemente porque era considerado «natural» que ella debía acompañarlo donde él deseara ir, al estilo de nuestro código civil[4] (modificado recién en 1968), que «fijaba el domicilio conyugal donde el marido lo estableciera». La única alternativa que durante diez años puso en

---

4. Código Civil de la Nación, República Argentina.

práctica esta familia estaba pensada para satisfacer las necesidades de uno solo de sus miembros.

Seguramente porque todos creían que así debía ser, incluso los más insatisfechos. Es evidente que el cambio debe venir de quien menos disfruta, pero si este considera «natural» ocupar un lugar subordinado, el cambio no puede producirse. No fue poca la sorpresa de esta mujer al descubrir cuan activamente había participado en su propia insatisfacción, ni tampoco fue menor su sorpresa al comprobar que una vez descubierta era posible proponer alternativas diferentes y defender sus propuestas, para satisfacción de todos.

Las negociaciones con los hijos

Las negociaciones con los hijos suelen ser una de las más difíciles porque, entre otras cosas, ponen en evidencia la falta de incondicionalidad materna. Sabemos que negociar es pactar condiciones y valorar las propias necesidades tanto como las ajenas. Poder amarse a sí misma tanto como al propio hijo puede ser vivido como un ataque al mandato patriarcal de incondicionalidad materna, que deja su huella culposa en los deformados corazones femeninos. Una mujer dejó constancia de esto cuando comentó que su hijo pretendía que lo trasladara en su coche a la hora de la siesta, que es cuando ella toma un pequeño descanso entre sus horas de trabajo de la mañana y la tarde. Decía:

¡Ruego a Dios que no me lo pida porque soy incapaz de decirle que no! ¡Que no me lo pida! ¡Que no me lo pida!

Lo que hace más interesante este comentario es que se trata de un hijo mayor de edad, que usa a menudo el coche de su madre, quien no tiene inconveniente en prestárselo. En realidad, lo que él pretendía era que su madre fuera su chófer. Ella se sentía entorpecida para negociar y le ofrecía el coche, pero no era el medio de transporte lo que él demandaba sino la atención incondicional de la madre. Y a ella le costaba rehusarse para no perder la ilusión de que «seguía siendo la mejor madre del mundo». Sobre el mismo tema, otra mujer comentaba:

> Me considero una excelente negociadora, pero soy incapaz de negociar con mi familia, especialmente con mis hijos. Por ejemplo, comparto mi auto con mi hijo menor y todos los días por la mañana se repite el mismo diálogo. Él me pregunta: «¿Necesitás el auto hoy?», y yo, que soy quien debe decidir —y simplemente contestar—, en lugar de ello le pregunto a mi vez: «Y vos, querido, ¿lo necesitás?»

En pocas palabras, para muchas mujeres decir «no» a un hijo forma parte de los «no negociables».

En puntas de pie

Los «no negociables» se mimetizan con la vida y se filtran por las grietas de nuestra necesidad de ser amadas. Pasan a formar parte de lo que se considera nuestra «naturaleza» y se instalan a nuestra vera como si fueran nuestra sombra. Los incorporamos como obvios, y al hacerlo, los convertimos en invisibles para nosotras mismas. Por todo esto es que son capaces de perdurar tantos años… ¡y sin envejecer! En una oportunidad, coordinando unos talleres de reflexión en Chile, una muchacha de origen humilde contó una anécdota conmovedora.

Viví quince años con un hombre que era mucho más alto que yo. Durante quince años, todas las mañanas me ponía en puntas de pie para mirarme en el espejo de nuestro baño, que estaba colocado a la altura apropiada para su medida. Tardé mucho en darme cuenta de que eso era «negociable para mí misma». Cuando me di cuenta, lo descolgué y lo coloqué a una altura intermedia; ya no tenía que ponerme en puntas de pie, y él solo necesitaba hacer dos pasos hacia atrás para mirarse con comodidad.

¿Cuántas puestas «en puntas de pies» habrán conocido los muros de tantas casas? Adaptándolo a las historias y las modalidades personales, no sería difícil descubrir que somos muchas las mujeres que, en mayor o menor medida, «naturalmente» nos hemos acomodado durante años, sin siquiera darnos cuenta de que lo hacíamos. La naturalidad con que se incorpora el «acomodarse» a la propia subjetividad explica esa modalidad satelital que con tanta frecuencia signa la vida de muchas mujeres.

La sagrada teta

Para finalizar con esta parte del capítulo comentaré un ejemplo que tiene la particularidad de ser la excepción de la regla de las «no negociables». Es un ejemplo atípico, donde es probable que muy pocas mujeres puedan reconocerse, sobre todo porque está reñido con una de las expectativas más sagradas del patriarcado. Este es uno de los motivos por los cuales es posible que llegue a herir la sensibilidad de muchos varones y de no pocas mujeres. Tuve la oportunidad de comprobar que mis sospechas acerca de lo irritativo del ejemplo no eran infundadas. En un taller coordinado por mí en el marco del XX Congreso Internacional de Grupos, realizado en Buenos Aires, en agosto de 1995, lo comenté, y al día siguiente una mujer se me acercó para «advertirme» que yo debía tener mucho cuidado al contar ese caso porque podía ser tomado como ejemplo por muchas mujeres y generar actitudes «peligrosas». Este es el ejemplo y ustedes sacarán sus propias conclusiones.

Tengo tres hijos y siempre les he dado de mamar. En parte porque me resulta muy placentero y en parte porque soy de tetas exuberantes y siempre estuvieron llenas de leche. Sucedió que cuando parí a uno de mis hijos, nuestra situación económica pasaba por un período de estrechez y mi aspiración de estudiar un idioma extranjero —que era para mí en ese momento una pasión, además de expresión de mis múltiples inquietudes— corría el riesgo de no ser satisfecha a causa de dicha estrechez. Me puse a pensar concienzudamente y me di cuenta de que yo tenía hijos no solo para satisfacer mi necesidad personal de maternidad sino también para satisfacer la necesidad de paternidad de mi marido. Ambos compartíamos el proyecto familiar de crear y parir hijos y estábamos dispuestos a compartir no solo las satisfacciones de tenerlos sino también los costos múltiples que eso significaba. Me di cuenta, al mismo tiempo, de que el hecho de dar de mamar era un rubro de nuestra economía familiar. Saqué la cuenta de los litros de leche que nos ahorrábamos de comprar al usar la leche de mi propia producción y resultó ser una cifra muy considerable. Curiosamente coincidía con lo que necesitaba para cubrir los gastos del curso anual que deseaba hacer. De manera que me dispuse a plantearle a mi marido una negociación. Yo estaba dispuesta a aportar mi leche (sin agregar en los costos la inversión de tiempo, energías y riesgos físicos) y él acordaría en destinar el dinero —que había previsto para otros fines— en pagar mi curso de idiomas. Creo que lo pude hacer porque mi marido tiene una ética solidaria y porque yo tengo una autoestima suficientemente afianzada como para no creerme ese cuento de que una es «mala madre» si defiende sus propias necesidades e intereses.

Dicen que la necesidad aguza el ingenio. Probablemente, sin la estrechez económica esta mujer tal vez hubiera perdido la ocasión de tomar conciencia de que amamantar es —además de saludable para el bebé y a veces satisfactorio para la madre— un aporte económico concreto a la economía familiar. El aporte económico que significa amamantar no le quita atractivo ni seriedad al hecho. Si las mujeres tuvieran más conciencia de ello, probablemente se sentirían menos culpables y con más derechos para decidir sobre el dinero conyugal, conscientes de que se trata de una sociedad (la conyugal) donde cada uno aporta lo suyo. No podemos negar que la teta que amamanta, por muy sagrada y enaltecida que sea, ya ha entrado en el circuito económico. Sin embargo, este hecho se mantiene cuidadosamente encubierto y su contabilidad, registrada «en negro».

Para muchas mujeres resulta impensable reflexionar en términos económicos sobre la sagrada teta mientras que a muy pocos varones se les escapa. Nos consta que en la sociedad consumista de los años noventa las tetas son un elemento infaltable de toda propuesta vendedora. Son uno de los argumentos de venta de mayor *rating*. Usadas como recurso erótico o como decoración sexual, las tetas femeninas son fuente de admiración, de excitación o de ataque. Criticadas por muy pequeñas o muy grandes, por muy paradas o muy caídas, suelen protagonizar el imaginario social de chistes y refranes. Adoradas como un resabio de ensoñaciones maternales, distraen a más de uno. En fin, siempre presentes y en cualquier menú, las tetas parecerían ser el paradigma del deseo humano. Sin embargo ese amplio espectro que contempla casi todo —y no deja de utilizarlas como recurso económico en publicidades y demás yerbas— deja fuera de registro justamente aquel punto de la economía que reconoce a las mujeres como sus legítimas productoras y primeras beneficiarias.

Las tetas llenas de leche de una mujer que acaba de parir son algo más que un don de la naturaleza pródiga que ofrece a la especie humana recursos concretos con que alimentar a los niños recién nacidos. Son también un recurso económico que, a través del cuerpo femenino, contribuye a la economía familiar. Sin embargo, este hecho tan evidente suele ser negado de forma permanente y reiterada no solo por las propias mujeres sino por la sociedad entera. El placer que a una mujer pueda producirle la experiencia de amamantamiento o la satisfacción de cumplir con los mandatos tradicionales no invalida el hecho de que al hacerlo está aportando recursos de valor económico que tienen una incidencia concreta en la canasta familiar. Afortunadamente, hay algunas que, por esos azares de la vida y de la educación, logran mantener a salvo su capacidad reflexiva y su autoestima como para adoptar actitudes que resultan esclarecedoras para muchas otras mujeres. La anécdota que antecede es un ejemplo de ello.

Reconocer el valor económico del amamantamiento por parte de las mujeres duplica sus méritos (y sus réditos). Las mujeres que disfrutan con dar de mamar no perderán ese clima de ensoñación excitante (que hasta llega a generar flujo vaginal, lo cual suele ser cuidadosamente ocultado) por tomar conciencia de que hacen un aporte económico concreto a la canasta familiar. Al contrario, creo que advertirlo las liberaría de las culpas que el disfrute les genera.

En síntesis: es cierto que existen «no negociables», pero también es cierto que muchos de los que así se rotulan, son solo prejuicios y condicionamientos sociales. Son muchas las servidumbres disfrazadas de «no negociables» que para su mejor ocultamiento fueron elevadas al rango de privilegios. Es un desafío para todas aquellas mujeres y varones solidarios —que coinciden en rechazar las servidumbres— intentar separar «la paja del trigo», es decir desenmascarar los pseudo-no-negociables que contaminan y desprestigian los auténticos valores solidarios.

3. Tiempo para vivir
y espacio para crecer

Sabemos que toda realidad es compleja y, por lo tanto, también toda afirmación puede resultar esquemática en la medida en que solo muestra un aspecto parcial de esa realidad. Sin embargo, hay ciertas afirmaciones que se pueden arriesgar sin demasiado margen de error. Podríamos afirmar, por ejemplo, que el objetivo central de las negociaciones económicas es el dinero, aun cuando todos sabemos que este es un recurso de poder y que, en última instancia, detrás de la ambición económica suele estar agazapada la ambición de poder.

Pero así como resulta claro focalizar el objetivo central de las negociaciones en el ámbito político y económico, no resulta tan fácil precisar cual es el objeto de fondo en las negociaciones cotidianas. Me refiero a las «negociaciones nuestras de cada día», aquellas que involucran a la familia, las amistades, los afectos, las relaciones sexuales y nuestra vida interior.

Sabemos que las apariencias tienen la particularidad de mostrar superficies y que muchas veces esas superficies tienen poco que ver con el fondo o son débiles reflejos parciales que, aun cuando no pretendan engañar, terminan tergiversando o encubriendo. En el caso de las negociaciones cotidianas, los objetos de negociación —concretos y visibles— suelen ser a menudo apenas la punta del objeto u objetivo del que en el fondo se trata. Los ejemplos del capítulo anterior sirven para ilustrar esta afirmación. Pensando en ellos, podríamos decir que cuando la madre negocia el uso del coche con su hijo, el objeto concreto de negociación parecería ser el vehículo. De igual manera, cuando la esposa comparte el cuidado de los hijos con su marido, el objeto de negociación parecerían ser los pañales con caca, y también cuando una mujer defiende su deseo de programar los fines de semana de manera diferente de la de su marido, el objeto concreto de negociación parecería ser la libertad de elegir otro programa.

Sin embargo, el fondo de estas negociaciones cotidianas no está en el coche ni en los pañales con caca ni en los fines de semana. Estos son solo objetivos parciales —aunque muy concretos y reales— que, como la punta de un iceberg, muestran solo una ínfima parte de la masa de la que forman parte. Lo que parece un simple témpano —controlable y no demasiado peligroso— es en realidad una montaña sumergida tan difícil de percibir como de apreciar en su magnitud. *Lo que realmente se está poniendo en juego en cada una de las negociaciones cotidianas son dos recursos clave de la vida humana: el tiempo y el espacio. El tiempo en el que transcurre nuestra vida y el espacio —tanto físico como psíquico— que necesitamos para crecer y desarrollarnos.*

Cuando hablamos del *tiempo,* me refiero al mismo en su amplísimo espectro: el que transcurre entre el nacimiento y la muerte y se desliza desde cada amanecer hasta el próximo; el que parte velozmente en los encuentros placenteros y se adormece con cada aburrimiento; el que se empaña con el dolor y se recupera con la primera sonrisa después del llanto; el que se apretuja y arruga cuando las demandas nos exceden; el tiempo calmo del devenir sin apremios, el tumultuoso de las pasiones y el que se vuelve interminable ante las incógnitas no develadas. El tiempo irascible de los conflictos sin resolver, el tiempo lento de la infancia y el vertiginoso de la madurez; el tiempo oscuro de los abandonos y el tiempo entusiasta del amor. El que se opaca con la resignación y el transparente de la espontaneidad; el tiempo para apurarse y el tiempo de esperar.

En la dimensión humana, el *tiempo* consume *espacio.* El tiempo para pensar, por ejemplo, requiere tanto de un espacio psíquico —es decir de la disponibilidad mental y afectiva para hacerles un lugar a las reflexiones dentro de nosotros mismos— como de un espacio físico confortable. Si una persona está «disponible» anímicamente, puede pensar aun yendo de pie y apretujada en un autobús lleno de gente. En cambio resulta difícil hacerlo en el sillón más confortable cuando las presiones, los malestares o los conflictos invaden nuestro espacio psíquico. Y así como no se puede pensar cuando no hay tiempo, tampoco se puede pensar cuando el espacio psíquico está «ocupado». El tiempo sin espacio psíquico es casi un tiempo ajeno que transcurre fuera de nosotros. *Es la disponibilidad de ese espacio psíquico lo que nos permite apoderarnos del tiempo, porque nos da la oportunidad de conectarnos con nuestros deseos.*

Cuando el espacio psíquico está «ocupado», las posibilidades de crecimiento y desarrollo personal se reducen indefectiblemente. Son muchas las tareas que ocupan espacio psíquico y que, sin embargo, suelen pasar inadvertidas, tanto para quienes las realizan como para quienes usufructúan las que hacen otros. Para despejar las dudas posibles de este tema tan poco explicitado, analizaré en detalle un ejemplo del capítulo anterior. Ese ejemplo es particularmente sustancioso, porque tanto en sentido literal-real como simbólico pone en evidencia situaciones urticantes, que la sociedad en su conjunto se encarga de mantener encubiertas.

La caca de los pañales ocupa espacio psíquico

Transcribiré nuevamente el ejemplo para evitar a las lectores la molestia de hojear hacia atrás:

Mi marido es recolaborador. ¿Pero qué hubiera pasado si no fuera así? En mi cama compartimos mucho porque a él le gusta cocinar y salir con los chicos. Me doy cuenta de que compartimos porque es él quien lo decide. No le resto mérito a eso, pero me pregunto: si él no fuera así, ¿tendría yo la fuerza necesaria para negociar y equilibrar las cosas? Porque acabo de darme cuenta de que el limpia los pañales con pis pero no los que tienen caca. Yo lo dejo pasar porque veo que hace otras cosas, pero... ¿y si todos los pañales fueran con caca?

No siempre resulta fácil establecer relaciones entre las cosas más obvias. Mucho menos fácil resulta establecerlas en lo que se ha naturalizado y que por eso mismo terminó siendo invisible. En relación con este tema tan «insignificante» como los pañales, no hace falta remarcar que cambiar pañales insume tiempo. Eso es algo de lo que todo el mundo se da cuenta, incluso aquellos varones que nunca han cambiado uno. Por eso tampoco hace falta insistir en que compartir el cambiado de pañales es una manera de compartir también el gasto de tiempo que dicha actividad insume. Pero esto que resulta tan claro en relación con el *tiempo* probablemente no lo sea tanto en relación con el *espacio psíquico*. Me refiero concretamente a que para muchas personas (tanto mujeres como varones) la relación que existe entre la caca de los pañales y el espacio psíquico resulta poco clara o totalmente nebuloso.

Trataré de aclararlo. Cuando una persona atraviesa un prado sembrado con lavandas, magnolias y tilos, su cuerpo y su espíritu se llenan de aromas atractivos y sedantes que le generan bienestar. Y el bienestar, además de ser agradable y placentero pone en disponibilidad un grado considerable de energía psíquica que estimula su utilización de diversas maneras. El bienestar favorece la lucidez para pensar, la creatividad para vivir y el entusiasmo para amar; genera la potenciación de los recursos, la que da pie a un círculo virtuoso que podría expresarse así: «Porque estoy bien hago mejores cosas, y porque las hago bien me siento cada vez mejor». En este sentido, podríamos decir que el bienestar produce superávit de energías con la consecuente sensación de riqueza y potencia interior. Por el contrario, cuando una persona, por ejemplo, entra en un baño con efluvios cloacales, todo su cuerpo y su psiquismo se contraen como una manera de defenderse de la agresividad que ejercen los malos olores. La reacción espontánea es poner distancia y escapar lo más lejos posible de ese olor que «ocupa espacio» y del cual además es necesario defenderse. Pero no siempre es factible alejarse. Cuando no es posible, el psiquismo se ve obligado a implementar mecanismos defensivos para resistir algo tan desagradable como intolerable, y no tiene más remedio que echar mano de una cantidad considerable de energía psíquica, que queda inhabilitada para otros destinos. Con lo cual, además de tener su espacio psíquico desagradablemente ocupado, debe afrontar un gasto adicional de energías para «desocuparlo».

Volviendo a nuestro ejemplo, podemos decir que cuando el olor a caca es inevitable, la economía psíquica se resiente, porque lejos de generar bienestar produce un círculo vicioso por el cual se consumen energías adicionales, que reducen la disponibilidad operativa del espacio psíquico. El hecho de que este sea menos palpable que el físico no lo hace menos real. No viene mal recordar —y destacar— que las «cacas» no se reducen a su existencia material y palpable. Es sabido que existen muchas «otras cacas», de naturaleza simbólica, que ocupan tanto espacio y generan tanto gasto como las materiales. El hecho de ser simbólicas no las hace menos desgastantes ni tampoco más etéreas.

Todo este análisis es para plantear que cuando una mujer intenta compartir el cambio de pañales, pareciera que lo que negocia es esa tarea. Sin embargo, cuando profundizamos el tema nos encontramos con que, en realidad, la tarea es solo el aspecto visible de la negociación. Su objeto no es el cambio de pañales sino el *tiempo* y el *espacio* psíquico que esa tarea compromete. Este descubrimiento es lo que en gran medida da respuesta a la pregunta final, tan conmovedora y desenmascaradora: «¿Y si todos fueran pañales con caca?»

Resulta evidente que esta pregunta trae incluida la respuesta, que resulta dolorosa porque pone al desnudo un hecho desgarrador: saber con certeza que en esa pareja —aparentemente tan solidaria— la limpieza de la «caca» está asignada en exclusividad a la mujer y asumida obedientemente por ella. *Cuando las mujeres asumen unilateralmente todo el gasto psíquico (de las «cacas») que insume un interés compartido (como es el bienestar y la limpieza del hijo o la hija en común), asumen también unilateralmente los costos de una inversión común.*

«Yo sabía que un día te ibas a avivar»

Los *espacios* son *limitados* y el *tiempo* es *irreversible*. Ambos son *finitos*, y esta cualidad de finitud los convierte en los tesoros más valiosos de todos los capitales humanos. Pero además de ser finitos cuentan con otras propiedades: al igual que el dinero, se resisten a ser invertidos al mismo tiempo en distintas operaciones. Si los colocamos «allí» no los podemos utilizar «aquí». Lo cual genera no pocas frustraciones. *Estas propiedades convierten, tanto al tiempo como al espacio, en «bienes escasos» y dado que son capitales esenciales para el desarrollo vital, el litigio que ocasionan es inevitable.*

Una de las situaciones que nunca termina de sorprenderme es comprobar, una y otra vez, que la distribución de estos capitales vitales se produce, en un altísimo porcentaje, en la participación consciente de las mujeres comprometidas. Y más me sorprende aún constatar que, en muchos casos —como el que detallaré a continuación— son las propias mujeres las que participan activamente en esa distribución que las perjudica.

Hace algunos años, una mujer de alrededor de cincuenta años concurrió a mi consultorio psicológico porque deseaba prepararse para su reinserción en el mercado laboral. Había decidido retomar sus actividades luego de haberlas suspendido durante los últimos veinte años para acompañar el desarrollo profesional de su marido. Ella había asumido la responsabilidad de llevar adelante la estructura hogareña con varios hijos para criar. Además oficiaba de secretaria de su marido, tarea que realizaba con una eficiencia sorprendente. Como él era un profesional exitoso que iba ganando espacios de reconocimiento en el ámbito público, ella cumplía tareas de anfitriona con un lucimiento digno de la carrera diplomática. Como si esto fuera poco, también administraba con mucha precaución el dinero aportado por él, y se ponía al tanto de las mejores inversiones económicas para que los ahorros familiares redituaran al máximo. Esto que cuento no es una exageración mía sino una descripción, por demás sucinta, de las actividades que desempeñaba esta mujer. Si me permiten una pequeña digresión (que movería al más estrepitoso humor si no fuera para llorar), esta mujer parecía ser el modelo de obediencia más preciosista de un texto del Antiguo Testamento, en el libro de los Proverbios, que se titula «La perfecta ama de casa»[5].

---

5. «Una mujer completa, ¿quién la encontrará? ¡Vale más que las piedras preciosas! Su esposo confía plenamente en ella, y nunca le faltan ganancias. Brinda a su esposo grandes satisfacciones todos los días de su vida. Va en busca de lana y lino y con placer realiza labores manuales. Cual si fuera un barco mercante trae de muy lejos sus provisiones. Antes que amanezca se levanta y da de comer a sus hijos y a sus criadas. Inspecciona un terreno y lo compra, y con sus ganancias planta viñedos. Se reviste de fortaleza y con ánimo se dispone a trabajar. Cuida de que el negocio marche bien, y de noche trabaja hasta tarde. Con sus propias manos hace hilados y tejidos. Siempre les tiende la mano a los pobres y a los necesitados. No teme por su familia cuando nieva, pues todos los suyos andan bien abrigados. Ella misma hace sus colchas, y se viste con las telas más finas. Su esposo es bien conocido en la ciudad, y se cuenta entre los mas respetados del país. Ella hace túnicas y cinturones, y los vende a los comerciantes. Se reviste de fuerza y dignidad y el día de mañana no le preocupa. Habla siempre con sabiduría y da amor con sus enseñanzas. Está atenta a la marcha de su casa, y jamás come lo que no ha ganado. Sus hijos y su esposo la alaban y le dicen: "Mujeres buenas hay muchas, pero tú eres la mejor de todas". Los encantos son una mentira, la belleza no es más que ilusión, pero la mujer que honra al Señor es digna de alabanza. ¡Alábenla ante todo el pueblo! ¡Dénle crédito por todo lo que ha hecho!» [Proverbios, capítulo 31-IX, versículos 1 al 31. La Biblia, versión popular, 2ª edición, Sociedades Bíblicas Unidas, 1983.]

Para retomar su actividad, requería de un espacio físico no demasiado grande. Luego de pensar concienzudamente sobre la economía hogareña —que ella conocía tan a fondo— le planteó al marido la posibilidad de utilizar ciertos ahorros en la compra de un departamento pequeño para desempeñar allí su actividad. Esto no significaba ningún riesgo porque, en caso de necesidad, era fácilmente reconvertible en dinero. El marido escuchó y aceptó la propuesta felicitándola por su ingenio. Pero a continuación agregó algo que impactó profundamente a su mujer. Con desenvoltura él dijo: «¡Yo sabía que un día te ibas a avivar!»[6]

Esta frase final estaba fuera de todo cálculo para la mujer. Le cayó como una bomba y le generó tal estupor que necesitó algún tiempo para dar crédito a lo que había oído. Cuando estuvo en condiciones de hacer un *replay*, se sintió invadida por una avalancha de preguntas descarnadas que se le clavaban como aguijones:

¿De qué hubiera tenido que avivarse?

¿Desde cuándo él esperaba (o temía) que ella se avivara?

¿Por qué no se lo había dicho, si él ya contaba con el esclarecimiento del que ella carecía?

¿Cómo había que interpretar el silenciamiento de una evidencia que a ella le perjudicaba?

En las respuestas a cada una de esas preguntas

---

6. *Avivarse*: es sinónimo de «darse cuenta», pero tiene una connotación de picardía o intención tramposa. Es un darse cuenta de algo que no está a la vista o que se oculta.

es posible encontrar muchas de las claves que nos permitirían comprender la compleja trama de las negociaciones cotidianas que tienen por objetivo final acceder a *tiempos* y *espacios.*

Resulta obvio que «avivarse» no hacía referencia a las posibilidades económicas para la adquisición del pequeño departamento donde desarrollar sus actividades. Se trataba de «darse cuenta» de otras cosas:

Darse cuenta, por ejemplo, de que el desarrollo exitoso del marido no dependió exclusivamente de su dedicación y capacidad profesional sino que le fue posible porque ella había cubierto con su *tiempo* y su *espacio* toda la infraestructura afectiva, familiar y doméstica, lo que le permitió a él disponer de la casi totalidad de sus energías para invertirlas en su capacitación profesional.

Darse cuenta, también, de que las inversiones de *tiempo* y *espacio* de uno y otra habían tenido destinos muy diversos. Mientras que el tiempo y el espacio del marido habían sido invertidos en lo que podríamos llamar una «capitalización» personal que legítimamente le pertenecía, ella los había invertido en sostener la infraestructura que posibilitó esa capitalización masculina. Está muy claro que en el caso de que llegaran a separarse, él se quedaría con su carrera, su prestigio y su capacitación, además de los beneficios económicos y de autoestima que derivan de todo eso. Ella se quedaría con el recuerdo de haber sido una fiel e idónea compañera, cuya inversión se diluyó en el pasado y cuyos réditos son acreditados a cuenta ajena.

También es darse cuenta —dolorosamente— de

que el marido era consciente de que usufructuaba el beneficio de tener una esposa «multiuso», y de que no estaba dispuesto a desprenderse de esos beneficios, a menos que las circunstancias lo apremiaran.

Darse cuenta de que ella había ¿aceptado?, ¿tolerado? constituir una sociedad conyugal sobre una base que distaba mucho de ser solidaria, ya que ambos tenían la convicción de que los esfuerzos comunes debían conjugarse para obtener un bienestar basado en el desarrollo de uno solo de sus miembros.

Darse cuenta de que, en la medida en que él era consciente de que ella no se «avivaba», había tenido una actitud de aprovechamiento. Que este aprovechamiento frenó el desarrollo profesional de ella en aras de contribuir a lo que debió haber considerado un «bien común». Y que probablemente muchos otros aspectos de la estructura conyugal estaban engarzados en la misma trama.

Es evidente que la responsabilidad no es exclusiva del marido, pero que también fue él quien ocultó durante mucho tiempo que era consciente de los beneficios que obtenía a costa de su mujer. Ciertamente, las dos actitudes son producto de una sociedad que naturaliza la falta de solidaridad, pero también es cierto que una vez descubierta la falta, las actitudes que a continuación se adopten ponen al desnudo las opciones éticas personales al respecto. Ya no es posible responsabilizar a las «costumbres sociales» por las actitudes que se sostienen a conciencia.

Resulta muy claro que las consecuencias de un funcionamiento conyugal tan poco equitativo no pueden ser otras que el empobrecimiento afectivo y la falta de confianza mutua. En pocas palabras: es una soledad de a dos que irremediablemente muestra su descarnada desnudez con el paso del tiempo.

Decía al más arriba que tanto el *tiempo* como el *espacio* son bienes escasos, y dado que son capitales esenciales para el desarrollo vital, el litigio resulta inevitable. Muchas personas no tienen conciencia de que la negociación es inevitable y que, por lo tanto, se produce de forma inexorable, seamos o no conscientes de ella. La inconciencia en ningún caso impide que la negociación se produzca. Lo único que consigue es convertir a los protagonistas en cómplices involuntarios de una trama antisolidaria.

«¿Qué te cuesta?»

—¡Maaa…! ¿Me alcanzás un suéter[7]? —grita desde el otro extremo de la casa la hija o el hijo.

—¡Pero es que estoy en la cocina, lejos de tu pieza[8]! —contesta la madre, mientras se apresura a terminar de enjuagar las tazas del desayuno, y piensa que antes de salir para su trabajo, o para abastecer las necesidades cotidianas de su hogar, tiene que dejar dispuesta una serie de tareas y resolver, además, cómo organizar el transporte para que su hijo menor llegue a tiempo a sus actividades deportivas.

—No importa —insiste la hija— cuando venís, pasás por mi pieza y me lo traés. ¿Qué te cuesta?

7. *Suéter*: argentinismo, adaptación de la voz inglesa *sweater*. En España: jersey. (N. del Ed.)
8. *Pieza*: habitación. (N. del Ed.)

Y con frecuencia esa mujer, un poco irritada porque el tiempo no le alcanza, piensa para sí: «¡La verdad, qué me cuesta!», y apretando su espacio psíquico, igual que lata a la que llenan de sardinas, agrega una actividad más estirando su tiempo —y su espacio— como goma de mascar.

El «¿qué te cuesta?» parece una pregunta pero no lo es, porque nadie espera una respuesta. Ni la hija que encubre un reproche desenfadado ni la madre que suele tomarlo como un recordatorio de sus obligaciones sagradas.

Tampoco ninguna toma la supuesta pregunta en sentido literal: ni la hija, que descuenta que el tiempo maternal escapa a las leyes terrenales de finitud —adjudicándole de hecho una cualidad divina de omnipotencia inconmensurable— ni la madre, que pareciera estar convencida de que las tareas de servidumbre no tienen costo porque son un «servicio natural» incorporado genéticamente.

Un aspecto muy interesante de esta situación consiste en que la pregunta original «¿qué te cuesta?» se convierte automáticamente en una autopregunta que lleva implícita la respuesta: «*¿Que me cuesta?...* ¡no me cuesta nada!»

Una empresaria comentaba con lúcida sencillez:

En lo comercial hay una regla de oro que consiste en tener presente que con los costos se pueden hacer muchas cosas…, pero lo que no se puede hacer bajo ningún concepto es ignorarlos, porque de hacerlo la empresa quebraría. Cuando nos ponemos a pensar en las experiencias individuales, resulta sorprendente comprobar que con mucha frecuencia las personas son capaces de disimular costos imposibles de ignorar en lo comercial... y también quiebran.

No tener conciencia de los *costos* es grave y produce no pocos trastornos. En lo personal, muchas mujeres suelen disimular, minimizar o francamente ignorar que las inversiones de sus *tiempos* y *espacios* tienen costos. Las mujeres suelen no considerar los costos de la autopostergación, la sobrecarga, la servidumbre, la abnegación, la dependencia, la sobreadaptación, la condescendencia, distraídas con el bienestar —transitorio y usurero— que ofrecen los beneficios secundarios de cada una de esas situaciones.

Es posible que muchas personas, siguiendo con curiosidad estas líneas, tengan dificultades para precisar los costos a los que me refiero, porque muchos suelen estar disimulados —y transfigurados— en las llamadas «virtudes femeninas». Sin embargo, estas supuestas virtudes no dejan de mostrar la hilacha[9] ya que, con el paso del tiempo, cada una de las «impagables» ofrendas femeninas muestra la otra cara de la moneda, que con frecuencia está deformada por resentimientos. Veamos algunos ejemplos.

Es posible afirmar, con poco margen de error, que uno de los costos de la autopostergación es el resentimiento; el de la sobrecarga, el deterioro; el de la servidumbre, la indignidad; el de la abnegación, la eterna

---

9. *Mostrar la hilacha*: demostrar algo a partir de una pequeña muestra, generalmente, involuntaria o fruto de un exabrupto puntual. (N. del Ed.)

postergación; el de la dependencia, el infantilismo; el de la sobreadaptación, la falta de autenticidad; el de la condescendencia, la obsecuencia. Y así podríamos seguir una larga lista que invito a los lectores y lectoras a que la amplíen con la riqueza de la propia experiencia personal. El objetivo de semejante listado no es la autoflagelación sino la liberación, porque identificar y poner nombre es uno de los primeros pasos para aprender a conocer de qué tenemos que cuidarnos.

Nombrar los *costos* es tomar conciencia de que existen. En lo que a nuestro tema específico se refiere, la ignorancia de los *costos* no solo genera quebrantos sino que, además, invalida la necesidad de negociar porque contribuye a formar espejismos. Uno de los espejismos más ostentosos es imaginarse y convencerse de que «a uno no le cuesta nada» hacer todo lo que hace; por lo tanto, ante la supuesta falta de costos la negociación se vuelve innecesaria. *La ignorancia de los costos invalida la necesidad de negociar.* El espejismo del «no me cuesta nada» es un mecanismo de alto riesgo que alimenta la negación individual y perpetúa la vigencia de aquellos mandatos sociales disfrazados de «virtudes femeninas».

La toma de conciencia de los *costos* personales conduce, necesariamente, a cuestionamientos y replanteos con una misma. Si bien este es un tema que se tratará en detalle en la tercera parte de este libro, podríamos anticipar un punto clave diciendo que *la negociación con una misma se ubica en el lugar de los costos.*

Con sorprendente frecuencia es posible observar

que muchas mujeres poseen la tendencia enfermiza a negar los costos o a minimizarlos, y con ello consiguen desvalorizar su propio *tiempo* e hipotecar su *espacio*. El tiempo suele convertirse —para ellas mismas— en mano de obra barata. Y terminan siendo las primeras en sostener que a ellas *«no les cuesta nada»* satisfacer los deseos ajenos. Veamos algunos comentarios de diferentes mujeres:

Tantas veces me he dicho: «¿Por qué no lo voy a hacer una vez más? Total, ¡no me cuesta nada!». Me la he pasado haciendo concesiones diarias y asumiendo unilateralmente los costos del mantenimiento familiar. Para conservar la armonía hogareña —que debería ser responsabilidad de todos— saco a pasear a disgusto al perro que nunca deseé, o resigno mi única media hora libre del día para hacer un trámite que es responsabilidad de otro… siempre creyendo que «no me cuesta nada». Algunas mujeres pagamos un costo altísimo. Y lo peor es que hubo costos sin sentido, porque la familia hubiera seguido funcionando lo mismo si yo hubiese dejado de hacer muchas de las cosas que no me gustaban. ¡Fue un mantenimiento al pedo!

La misma mujer agregó:

Desde chica, cuando tomábamos vacaciones, mi papá decía que había que salir con el sol para llegar con el sol. A mí me molestaba pero no tenía más remedio que aceptarlo. De grande, mi marido hacía lo mismo que mi padre y yo también lo aceptaba, a pesar de que me disgustaba, porque para mí con el viaje comenzaban las vacaciones y en vacaciones no me gusta madrugar. Siempre me decía: «¿Qué me cuesta acomodarme al horario de la familia?», hasta que después de mucho tiempo planteé que yo no quería madrugar. Estaba decidida a tomar el ómnibus y encontrarme con ellos unas horas más tarde. Con sorpresa escuché decir a mi marido: «Tu mamá no quiere salir a las cinco de la mañana, vamos a salir a las nueve».

Otras mujeres comentaban:

Yo me avivé tarde. Me pasé cuarenta y cinco años de mi vida creyendo que solo iba a ser amada si respondía a las expectativas ajenas. Invertí mi tiempo en tratar de ser como los demás querían que fuera. Me doy cuenta de que fue una mala inversión porque al cabo de los años estoy insatisfecha conmigo, y los demás están con alguien que no conocen.

Por jerarquizar siempre el espacio de otros terminamos renunciando a lo que queremos. Cuando miramos para atrás nos damos cuenta de que ya no sabemos cuales eran nuestros deseos, porque los perdimos en el camino. Por estar preocupada por el deseo de los otros llegué a no saber lo que deseaba. Para mí, la negociación consiste en recuperar mis propios deseos, porque me di cuenta de que si renuncio de entrada no hay negociación posible.

Dejé la carrera profesional porque no me sentía en condiciones de negociar el tiempo con mis hijos que vivían conmigo. No puedo negociar porque temo que me dejen de querer. Mis hijos —que ya son grandes— no me ayudan. Y mi hija quiere que le cuide a su hijito. Si empleo el tiempo en eso, me lo quito a mí.

Estos son comentarios elocuentes de mujeres que, al reflexionar sobre sí mismas, descubrieron con no poca sorpresa —y no menos dolor— que muchas de las llamadas «entregas cotidianas» las colocaban al margen de sus propios *deseos*. Más sorprendente aún resultaba advertir que muchos de esos deseos no eran necesariamente incompatibles con lo que ellas llamaban la «armonía familiar».

Es posible comprobar que el amor ocupa a menudo un lugar hegemónico en la vida de las mujeres. Pero, con frecuencia, se trata de un amor mal entendido al que es necesario alimentar con diferentes formas de servidumbre. La necesidad de ser amada, el temor a no serlo y la pretensión ilusoria de garantizarse el amor satisfaciendo los deseos ajenos forman una tríada tenaz y persistente con la que muchas mujeres justifican cualquier autopostergación. *La postergación de los propios deseos es el costo ineludible de evitar negociaciones.* Por eso, una mujer comentaba con enorme lucidez:

> Para mí, la negociación consiste en recuperar mis propios deseos, porque me di cuenta de que si renuncio de entrada no hay negociación posible.

En síntesis: el *tiempo* y el *espacio* forman la urdimbre donde los humanos entretejen esperanzas, posibilidades y concreciones. Es la cancha en donde se juega la vida. En el devenir cotidiano, la lucha por el poder (que en el ámbito público suele transformarse en puja por el dinero o el poder político) se convierte en batalla encarnizada por los *tiempos* y los *espacios,* que son los alimentos con los que se nutren nuestros deseos.

Los *tiempos* y los *espacios* son recursos tan esenciales como agotables. Por eso la manera de repartirlos deja al descubierto la trama profunda de las relaciones humanas y las alternativas éticas elegidas por cada uno de los que conviven. El reparto de *tiempos* y *espacios* dejan al descubierto una divisoria de aguas que diferencia claramente dos orillas: la solidaridad, por un lado, y la servidumbre, por el otro.

En las negociaciones nuestras de cada día se dirimen, en el fondo, *tiempos y espacios. Tiempos* para vivir y *espacios* para crecer.

4. El segundo nombre de todos es Soledad

Hace años, cuando aún no había cumplido los treinta, luego de una larga plática un amigo terminó su apreciación sobre la vida diciéndome: «Mirá Clara, nuestro segundo nombre es Soledad. Tú te llamas Clara Soledad, yo me llamo Renato Soledad. El segundo nombre de todos es Soledad».

Guardé sus palabras mucho tiempo, tal vez el necesario para poder llegar a entenderlas realmente y apreciarlas en su justo valor.

La soledad de la que él me hablaba no era la del abandono, del desamparo ni del desvalimiento. Tampoco era la soledad del desamor o del amor no correspondido. Ni siquiera la soledad del resentimiento. Menos aún era la soledad que produce el vacío por la pérdida de quienes amamos, ni la del dolor que nos causan quienes nos hieren. No era la soledad por falta de justicia o de solidaridad, ni la de la niñez por todo lo que aún no sabe. Ni tampoco la soledad del adulto que, porque «ya sabe», deja de esperar lo ilusorio.

Mi amigo se refería a la profunda, irremediable e intrínseca *soledad* del ser humano por no tener otra posibilidad que estar consigo mismo en todos los momentos de la vida. Tal vez habría que buscar otra palabra para nombrar «eso» que evoca nuestro recorte del universo que nos rodea. Es la soledad de lo intransferible: la de las vivencias de goce inefable, dolor penetrante o incertidumbre por lo indescifrable. Estas vivencias son tan intransferibles como las de nuestro nacimiento, los desgarros que nos producen el crecimiento y las alternativas de la muerte. La compañía que los demás nos pueden brindar es reconfortante y sin duda ayuda a transitar esos momentos, pero de ninguna manera nos evita ser protagonistas irreemplazables de nosotros mismos.

La riqueza del idioma español, que diferencia entre los verbos *ser* y *estar,* nos permite rescatar un matiz esencial que ilumina este complejo tema. Entonces podríamos decir que siempre *somos* solos y que según las circunstancias de la vida podemos *estar* más o menos acompañados. Cuando mejor lo estamos, es decir cuando compartimos experiencias con gran afinidad y coincidencia de intereses, también seguimos *siendo* solas y solos.

Esta soledad es inherente al ser humano; por esto está siempre presente y se impone no solo en las «grandes experiencias» de la vida sino también en una infinidad de situaciones cotidianas de menor trascendencia. Los mitos, a menudo terroríficos, que se tejen alrededor de la soledad, se suman a los temores infantiles —que persisten a pesar de la adultez— y hacen de aquella un único recipiente donde se mezclan soledades de muy diversos tipos. El resultado es una gran confusión que incrementa temores, alimenta fragilidades y mina confianzas.

Cuando negociamos *somos* y *estamos* solas

La negociación cotidiana, la que queda al margen de lo comercial, tiene la virtud de hacer añicos un anhelo totalmente ilusorio: creer que todos somos iguales y queremos lo mismo, que es como estar todos «del mismo lado». En la negociación estamos solos porque el «otro» ya no está de nuestro lado sino «enfrente».

Algunos comentarios son elocuentes:

En el momento de la negociación estamos solos porque estamos frente a la otra parte, que está enfrente y no al costado, ni tampoco en pos de nuestros intereses. La negociación siempre nos pone en una situación de soledad, y en esa situación una quisiera llamar a la mamá, como cuando era chiquita, para que nos apoyara o defendiera. Tal vez por eso sea más difícil negociar con los que una quiere, porque los querría tener del propio lado y resulta que están enfrente.

En una negociación hay partes, y una está sola defendiendo una de las partes. En la negociación vos sos vos, yo soy yo, y vamos a ver si nos ponemos de acuerdo.

Yo me puse como condición dejar de complacer a los

demás y decir sí o no cuando me parece. Entonces ahí me siento más sola.

Al negociar todas las personas están solas, como cuando de pequeñas se sueltan de la mano del adulto. El simple hecho de tener que tomar decisiones es, en sí mismo, solitario, independiente de cuan influenciados podamos llegar a estar. Las decisiones que tomamos (ya sean por opción u omisión) siempre son nuestras, aun cuando las hagamos en nombre de otros. La toma de decisión es un momento de soledad inevitable apenas disimulado por la dependencia. Y digo «apenas disimulado» porque cuando nos cobijamos bajo las decisiones ajenas, con la vana esperanza de evitar la soledad que una decisión implica, solo conseguimos crear un espejismo pero no cambiar la realidad: el espejismo de creer que estamos menos solos porque otro se expresa por nosotros. Cuando renunciamos a nuestra capacidad de decidir, es decir cuando nos instalamos en la dependencia, no dejamos de estar menos solas y solos. Simplemente dejamos de adquirir recursos y de fortalecer nuestra confianza. Abordar negociaciones en la vida cotidiana nos enfrenta a mujeres y varones con la soledad del «cara a cara» con uno mismo. Se trata de una soledad que no es desamparo sino reafirmación de la propia identidad, por eso se convierte en punto de apoyo para negociar.

Confundir soledad con desamparo

La soledad que subyace a las decisiones —que es la de la independencia— suele asustar a muchas mujeres porque confunden soledad con desamparo. Como consecuencia de esta confusión, intentan combatirla, buscando una protección que imaginan que está fuera de ellas. Suelen minimizar sus propios recursos y desvalorizar sus posibilidades, con lo cual terminan decretándose una invalidez a que a menudo dista mucho de ser real. Así como los niños esperan la protección de los adultos, muchas mujeres exigen la protección masculina y se autoconvencen de que si son protegidas evitan la soledad de estar consigo mismas. De esta manera, logran convertir en realidad lo que inicialmente fue solo un temor. De tanto ampararse en la protección ajena, pierden oportunidades de asumir la propia y llegar a fortalecerse. El temor a estar desvalida se convierte en una profecía autocumplida, ya que los desvalimientos no se superan con las fortalezas ajenas sino con la adquisición de recursos propios. Lo que mejor neutraliza la soledad de los adultos no es la protección ajena sino los buenos acompañamientos. Una mujer comentaba:

En ocasión de haber sido invitada por mis conocimientos a participar en una mesa redonda, traté de convencer a mi marido de que me acompañara, creyendo que de esa manera estaba protegida de los temores que esa situación me generaba. Afortunadamente él no aceptó, pero tuvimos una larga charla sobre mis temores que me fue muy útil. Concurrí sola y tomé conciencia de que si él me hubiera acompañado habría perturbado mi actuación. Había sido una ridiculez de mi parte habérselo pedido. De haberme acompañado hubiera sido más una molestia que una ayuda, porque iba a estar controlándome con el reloj. La real protección fue la comunicación que hubo entre nosotros en el diálogo previo. El sentimiento de compartir un problema fue mucho más protector que su presencia física.

Resulta claro que el acompañamiento es el mejor antídoto para la soledad. A la luz de lo que acabamos de analizar, estamos en condiciones de comprender que el acompañamiento no consiste en que alguien ocupe nuestro lugar sino en que esté a nuestro lado para ayudarnos a consolidar el espacio que anhelamos.

Afortunadamente, algunas mujeres —cada vez en mayor número— logran atravesar la barrera de sus miedos y descubren con sorpresa que el tan temido fantasma de la soledad es un peligro que se derrite con el calor de la mirada cuando le hacemos frente. Una mujer comentaba:

Me parece que cuando busco que me protejan es porque estoy tratando de evitar exponerme, porque creo que cuando me expongo estoy sola. Pero en realidad me doy cuenta de que estoy con todo lo que tengo, que no estoy sola. Hace poco hice un viaje y me di cuenta de que tenía más de lo que creía, o que lo que tenía me servía más de lo que pensaba. Yo siento que estoy sola, nací sola, crezco sola y me voy a morir sola. Con una soledad con uno mismo. Cuando me di cuenta de eso me alivié muchísimo y me dije: «Entonces puedo estar acompañada, y puedo hacer algo», no para tapar esa soledad sino para transitar el proceso de exposición más contenida y acompañada. Aunque parezca una paradoja, estoy sola pero me siento mejor acompañada que antes. Descubrir esto fue para mí algo muy revelador. A partir de eso yo me instalo de diferente manera en todos los lugares. Como si tuviera más claro que lo que necesito para mí es tener un acompañamiento en lugar de negar mi soledad. Cuando descubrí eso fue que empecé a crecer.

Una y otra vez es posible comprobar que las tentaciones de la protección solo ofrecen beneficios secundarios que alimentan dependencias y, por lo tanto, alejan las posibilidades reales de estar acompañada. La protección instala una relación jerárquica, mientras que la compañía se nutre de paridad. En la paridad todos estamos solos, porque no existen los privilegiados que supuestamente «carecen de miedos» y pueden proteger. En la paridad se generan las condiciones para buscar compañía, porque permite reconocer que todos estamos solos y que, en eso, todos somos iguales. Paradójicamente, cuando una persona puede «asumirse en soledad» el mundo empieza a estar más poblado, porque deja de estar dividido entre protectores y protegidos.

En síntesis, negociar es reconocer que no existe incondicionalidad, porque si existiera, los otros se plegarían a nuestros deseos y no habría necesidad de negociar. Simbólicamente, es como perder a «la madre incondicional» que todos anhelamos y, al mismo tiempo, dejar de funcionar como tal. Es aceptar una forma de orfandad. Es aceptarnos en nuestra soledad, en la soledad de nuestro segundo nombre. Los varones también tienen por segundo nombre Soledad. Pero para ellos no suele significar tanta amenaza como para las mujeres, porque les han enseñado a creer en la propia protección y a confiar en sus propios recursos. A todos nos consta que la capacidad para proteger no tiene sexo pero, sin embargo, nuestra sociedad se encarga de sexuarla, y al hacerlo, convierte a las mujeres en depositarias de todos los temores. Un mundo dividido en protegidos y protectores es un mundo de temerosos y temerarios.

II

EL «MÁS ACÁ» DE LA NEGOCIACIÓN

5. Requisitos personales para negociar

Dijimos ya que entre las tres actitudes más frecuentes con que los seres humanos resuelven sus diferendos —imponer, ceder o negociar— es solo esta última la que ofrece posibilidades de acuerdos que contemplen las necesidades de las partes y que puedan llegar a concretarse dentro de un marco de solidaridad.

Sin embargo, no todas las personas eligen esta alternativa. Algunas, porque les gusta más imponerse y carecen de sensibilidad para respetar la libertad de los demás. Otras, en cambio, optan por ceder, porque no se animan a negociar aunque desearían hacerlo. La posibilidad de «animarse» a abordar negociaciones se apoya en condiciones subjetivas que están «más acá» de la negociación y que corresponden a todos los «permisos» que circulan en nuestra propia subjetividad. De esas condiciones previas, justamente, me ocuparé en este capítulo.

Todos sabemos que existen personas con mayores

habilidades que otras para negociar y que algunas incluso ni siquiera necesitan capacitarse para desempeñarse con habilidad envidiable. Pero también sabemos que hay otras que no pueden poner en práctica lo aprendido en sofisticados cursos de capacitación —sobre todo cuando se trata de negociar intereses personales— por más pruebas de inteligencia que hayan dado en su trayectoria personal y laboral. Y una de las causas de su incapacidad para enfrentar una negociación es, en parte, la ausencia de estas condiciones subjetivas, que constituye un déficit importante en el equipaje con el que circulamos por la vida. He podido observar que muchas de las mujeres que adhieren a principios solidarios y democráticos, para quienes la alternativa de negociar sería la más coherente, entran en conflicto con solo pensar en hacerlo. Es a partir de esta observación que he focalizado mi interés en investigar los motivos de esos conflictos, convencida de que solo el develarlos brinda la posibilidad de resolverlos. Como iremos viendo a lo largo del capítulo, es posible comprobar que gran parte de estos conflictos son generados y alimentados por los condicionamientos que nuestra sociedad impone al «género mujer».

Las condiciones subjetivas, previas a la negociación propiamente dicha, son las que llamaremos, a partir de aquí, «requisitos personales».

Estos requisitos constituyen condiciones esenciales para el desarrollo de todo ser humano que anhela amar y ser amado, que pretende disponer del privilegio de vivir para desplegar su potencial y que, por encima de todo, es un ser social que convive con otros y necesita resolver los diferendos que la convivencia plantea. Cada uno de estos requisitos debe sortear una serie de obstáculos que no siempre son fáciles de detectar, porque a menudo se encubren y disimulan en hábitos largamente practicados y cuidadosamente alimentados por las instituciones sociales. Comenzaré por plantearlos, a la luz de anécdotas y experiencias de mujeres, para continuar luego con el análisis de los obstáculos.

Entre estas condiciones esenciales para abordar negociaciones, las más significativas surgidas a lo largo de las investigaciones realizadas son:

Seis condiciones esenciales

Primera: Conectarse con los *deseos propios* y *reconocer los intereses* personales.

Segunda: *Legitimar* en la propia subjetividad el *derecho* a defender esos deseos e intereses personales.

Tercera: Establecer alguna situación de *paridad* (económica, afectiva legal y/o política), sin la cual la negociación es inviable.

Cuarta: Disponer de recursos genuinos.

Quinta: Proponerse un objetivo y sostenerlo.

Sexta: Ser capaz de emitir un «no» y tolerar recibirlo.

Pasaré a continuación a analizar cada uno de ellos.

Primera y segunda: Reconocer los deseos y los intereses personales, legitimar el derecho a defenderlos.

Estos dos primeros requisitos están profundamente relacionados. Enunciarlos de manera separada es solo un modo didáctico de abordar el tema, una cuestión formal para facilitar el análisis y la comprensión de los complejos matices que presenta esta problemática, ya que no es posible establecer un orden de prioridad entre ellos porque se determinan mutuamente.

Sin mucho pensarlo, advertimos que resulta poco factible conectarse y reconocer los propios intereses cuando no se ha legitimado previamente el *derecho* a tenerlos y, en consecuencia, menos aún a defenderlos.

a) Lo que «a una le conviene»

Algunas mujeres se sorprenden al descubrir que defender «lo que a ellas les conviene» es un *derecho* digno de cualquier ser humano, aun cuando sea mujer. Una anécdota resulta muy esclarecedora al respecto. En una discusión entre cónyuges, el marido esgrimía como argumento para descalificar a su mujer que ella estaba defendiendo algo que «le convenía». Esta acusación la llenó de vergüenza y frenó los argumentos con los que pretendía defender su posición. Durante toda esa noche pensó en lo que había sucedido, hasta que al día siguiente se dio cuenta de que había algo incorrecto en la acusación de su marido porque, en general, las personas defienden aquello que les conviene, no lo que les viene mal, y que por lo tanto, no tenía motivo para sentirse avergonzada como si hubiera cometido una fechoría.

Darse cuenta de que defender lo que le convenía era un *derecho* humano le hizo tomar conciencia de que su marido no le cuestionaba el contenido de lo que ella defendía sino el *derecho* a hacerlo, es decir le cuestionaba la osadía de considerar que «su» conveniencia era tan respetable como la de él. Era lo mismo que sentirse criticada por tomarse el atrevimiento de pensar y no por lo que pensaba.

Pero lo importante para señalar aquí no es el comportamiento del marido sino la vergüenza que despertó en la mujer ese cuestionamiento. Lo primero que podríamos pensar es que la vergüenza surge como resultado de sentirse «descubierta» en algo supuestamente incorrecto, es decir, por quedar al desnudo ante ojos que censuran la pretensión de asumir el *derecho* a defender una «conveniencia». Sin embargo, al profundizar el análisis de esta situación llegamos a advertir que la vergüenza no está motivada por la censura ajena sino por la propia vivencia de que ese *derecho* es legítimo, al igual que la propia desnudez avergüenza porque no es vivida como algo natural y digno.

b) ¿De quién es mi deseo?

Todos sabemos que es muy difícil llevar adelante una negociación si no se toman en cuenta —de alguna manera— los intereses de aquel con quien negociamos, por el simple motivo de que no le brindamos oportunidad de llegar a un acuerdo respetable para ambos. De igual manera podemos decir que es *prácticamente imposible sostener una negociación cuando quien negocia se siente conflictuado como para poder defender los propios intereses.*

La dificultad para defenderlos con la misma decisión y habilidad con que pueden llegar a defenderse los ajenos, suele ser una experiencia llamativa frecuente en mujeres que han incorporado algunas de las creencias que circulan en nuestra sociedad, como por ejemplo:

- Que tener intereses es ser interesada o ambiciosa… y que ello es malo.
- Que defender un interés personal es ser egoísta… y que eso es feo.
- Que defender lo que a una le conviene es vergonzoso… y que eso es indigno.
- Que renunciar a un desarrollo personal en aras del desarrollo de otros es solidario… y que eso es bueno aunque sea falso.

Si hablamos de intereses resulta útil recordar que representan el aspecto visible de nuestros deseos y necesidades. Son los intereses los que materializan nuestros anhelos profundos en el mundo social. Por ello *podemos decir que los intereses son la expresión de nuestros deseos.* Es evidente que ambos, intereses y deseos, están íntimamente ligados y que, en consecuencia, resulta difícil delinear nuestros intereses personales si previamente no tomamos contacto con nuestros deseos.

Esto que parece tan sencillo y que debería resultar

«natural» para cualquier ser humano queda, sin embargo, fuera del alcance de los que, por una u otra razón están privados (total o parcialmente) de su calidad de «sujetos». De un extremo al otro entran en esta categoría todos aquellos que se hallan en situación de subordinados por cualquier motivo: esclavos, marginales, muy jóvenes o muy viejos, pobres o analfabetos, o por pertenecer a una raza, clase o género discriminados, etc. En lo que respecta a las mujeres, esto de tomar contacto con sus propios deseos es algo particularmente difícil, ya que durante siglos estuvieron tan condicionadas a responder al deseo ajeno, que aprender a descubrir el propio se convierte a veces en una aventura más intrépida que descubrir nuevas galaxias. Con frecuencia resulta muy difícil deslindar lo que nos pertenece de los que nos ha sido inculcado. Al respecto, una mujer comentaba:

> Es tal lo incorporado como obvio que a una se le confunde con el deseo y terminamos deseando aquello que los otros quieren que hagamos.

En ocasiones esta confusión adquiere connotaciones más sofisticadas e intelectuales, y muchas de las mujeres que han luchado por «modernizarse» suelen regodearse en una supuesta autonomía. Profundamente conmovida, una de ellas comentaba así su descubrimiento:

> He vivido engañada en la satisfacción de estar totalmente convencida de que lo que yo hacía era lo

que quería. Me la he pasado haciendo un discurso de eso. Pero, en realidad, no puedo distinguir si era lo que realmente yo quería o la satisfacción del deber cumplido. Encontrar esto fue toparme con la punta de un iceberg.

La naturalidad con que la sociedad acepta la autopostergación de las mujeres ofrece otras versiones. Por ejemplo, muchas de ellas han llegado a acostumbrarse a que «a falta de pan buenas son las galletas», convencidas de que las galletas son el mejor reemplazo natural al pan. Pero resulta, como dijo otra mujer en uno de los grupos de reflexión, que «el sucedáneo del chocolate no es chocolate». Esta confusión de tomar por definitivo algo que solo debería ser transitorio (y cuando no hay otra alternativa) no es inocua. Contribuye a formar una urdimbre del «como si» en la cual muchas mujeres tejen sus vidas. Ellas no logran —sobre todo al cabo de los años— ocultar el sabor a insatisfacción que deja la certeza absoluta de saber que «el sucedáneo del chocolate nunca va a ser igual al chocolate».

Con el paso de los años, resulta difícil escapar a la mirada retrospectiva con la que intentamos comprender lo que a menudo nos parece incomprensible, cuando tratamos de responder a preguntas tales como: ¿adónde estoy?, ¿cómo llegué hasta aquí?, ¿cuáles son mis asignaturas pendientes?, ¿en qué punto me desvié de mis anhelos?, ¿fue distracción o fue elección? Este importante momento en muchas mujeres suele coincidir con la edad media de la vida y también con la firme decisión de cumplir sus deseos postergados o extraviados. Son preguntas que ponen a prueba el coraje para mirar sin cerrar los ojos, pero que, de lograrlo, nos ofrecen la maravillosa alternativa de despertar lo adormecido y reencontrar nuestro sendero. Algunas expresiones son muy elocuentes en este sentido:

¡Me sorprendió tanto descubrir a cuántas cosas de las que yo quería había renunciado por jerarquizar solo el espacio de los otros! Cuando miramos para atrás resulta que una se da cuenta de que hasta llegó a perder la idea de lo que deseaba. Yo llegué a no saber qué deseaba.

Para plantearse cómo abordar una negociación lo primero es empezar por no renunciar a los propios intereses. Esto no significa sostener una postura intransigente para forzar al otro a que acepte nuestras condiciones, sino *considerar que los intereses propios son tan legítimos como los ajenos,* y en ese contexto buscar acuerdos y puntos de conveniencia mutuos. Pero reconocer la legitimidad de sus intereses no es tarea fácil para las mujeres que han crecido con la convicción de que tener intereses es «ser interesadas» y, por lo tanto, irremisiblemente egoístas. El egoísmo se yergue como una instancia acusadora que hace que los intereses personales sean considerados una falta de altruismo e inmediatamente denunciados como actitud antisolidaria. Altruismo y solidaridad no son sinónimos, como veremos en detalle más adelante. Sin embargo, al identificarlos como tales se logra construir una de las grandes falacias que teje la red interminable de aprisionamientos femeninos.

c) Los espacios

Existe otro matiz que quiero destacar en este complejo entramado de reconocer, legitimar y defender los deseos personales. Al respecto podemos decir que resulta difícil legitimar el *derecho* a defender los propios intereses cuando no se dispone de *espacios* propios.

Todos sabemos que los *derechos* legitimados por la sociedad otorgan *espacios*. Por ejemplo, la modificación de reglamentaciones sociales que mantenían a las mujeres alejadas de los espacios públicos contribuyó, sin duda, a que muchas de ellas accedieran a espacios laborales, económicos, políticos, culturales, científicos, etcétera. Un ejemplo muy concreto es la discriminación positiva, por la cual las sociedades más democráticas intentan compensar las situaciones de marginación debidas a la discriminación. Una de esas metodologías es imponer cuotas mínimas para que los grupos marginados comiencen a disponer de espacios sociales. Un ejemplo en el terreno de la política es el porcentaje de mujeres que pueden integrar las listas de candidatos. El 30% estipulado en Argentina, en 1993, instauró un *derecho* legal que garantizaba dichos espacios. El acceso a muchos de ellos no habría sido posible si no hubiese sido legitimado por la sociedad que lo convirtió en un *derecho*.

Como todos sabemos, no alcanza con decretar *derecho*. Los otorgados por decretos son condición necesaria pero no suficiente para que los beneficiados lleguen, realmente, a «sentirse con *derecho*» a ocupar los espacios anhelados. Es el caso de algunas mujeres que, a la vista de todos, decidieron incorporarse a las listas políticas, aunque con el «padrinazgo» de algún varón que las apoyaba en calidad de «delegadas personales» de la autoridad masculina. En lo formal, actuaban como mujeres políticas que hacían uso del *derecho* que la sociedad les había reconocido; sin embargo, su propia subjetividad no lo había legitimado y continuaban respondiendo de manera subordinada a mandatos ajenos.

Para que un *derecho* se asuma como tal es necesario que esté legitimado por la propia subjetividad. Esa legitimación otorga el convencimiento necesario para poder defender los espacios adquiridos. *Derecho* y *espacios* se determinan mutuamente generando círculos que, cuando son virtuosos, se expresan de la siguiente manera: *quien dispone de espacio se siente con derechos, y cuando se siente con derechos, está en mejores condiciones para defender sus espacios.*

d) ¿Cómo legitimar los derechos?

No resulta sencillo que la propia subjetividad legitime los *derechos* adquiridos o los que aún no fueron otorgados. Conocer los pasos de un proceso es, sin ninguna duda, un recurso valioso para planificar con ciertas garantías de éxito el abordaje de un objetivo. En lo que se refiere al proceso de legitimar los derechos, he podido comprobar que en el caso de muchas mujeres, dicho proceso es una tarea laboriosa que requiere de mucho tesón y empeño pero, por encima de todo, de la firme decisión de abandonar ese lugar supuestamente resguardado, a la sombra de proyectos ajenos.

Recuperar la capacidad de desear —o los deseos extraviados en los caminos que transitamos en calidad de acompañantes— es un largo trayecto con muchos pasos. Sin la pretensión de convertir este libro en un «manual de la caminante» señalaré algunos de los pasos (inevitables de transitar) en el ambicioso proyecto de ser una persona-sujeto.

El *primer paso* consiste en tomar conciencia de cuales son los condicionamientos en los que está atrapado el «género mujer» y que contribuyen a que muchas lleguen a vivir como naturales las marginaciones que generan los llamados «roles femeninos». El hecho de que algunas mujeres hayan logrado desarrollos personales y éxitos similares a los de muchos varones no significa que la discriminación ya no exista. De la misma manera que el hecho de que algunos pobres hayan llegado a ser ricos no significa, tampoco, que la pobreza haya desaparecido. Los comentarios de algunas mujeres exitosas que sostienen que la discriminación no existe porque ellas nunca fueron discriminadas son simplificaciones muy parciales de la realidad. Con frecuencia estas mujeres provienen de grupos privilegiados que, en su condición de élite, hacen uso de los *derechos* que la aristocracia se arroga. Suelen identificarse con el grupo social al que pertenecen más que con el género, de la misma manera que muchas mujeres blancas se identifican mucho más con los varones blancos —que someten a la etnia negra— que con las mujeres negras que a su vez sufren el sometimiento de los varones de su raza. Con frecuencia, los privilegios de clase o etnia suelen hacer pasar inadvertidas las discriminaciones de género. Es importante tener presente que *cuando falta la conciencia de que existe la discriminación es imposible combatirla.* Y en lo que a ella respecta, cuando no se la combate se la perpetúa, de la misma manera que cuando no se combate el autoritarismo se lo avala por omisión.

El *segundo paso* solo es posible cuando se ha tomado conciencia de la discriminación. Llegados a ese punto, ya no se pueden sostener muchas de las imágenes y expectativas que teníamos respecto de nosotras mismas y de los varones con quienes vivimos ya los que amamos. Se impone una profunda revisión, que plantea la necesidad de proponernos nuevas maneras de relación con nosotras mismas y con quienes nos rodean.

El *tercer paso* solo podemos dar una vez que estamos convencidas de lo inevitable de transitar la vida con propuestas diferentes. En ese momento comienza un período de reaprendizaje. Es casi como volver a nacer, pero conociendo la insalubridad de ciertas huellas que no conviene seguir. Muchas pensarán que no se justifica la fatiga de semejante trabajo. Sin embargo, conviene recordar que transitar la vida por huellas ya trazadas no nos garantiza la felicidad ni tampoco nos evita la fatiga; lo ya establecido —por previsible— reduce las posibilidades de sorpresa y con ello nos priva de una de las experiencias más apasionantes de la juventud. La única manera que he encontrado de ser más joven con el paso del tiempo fue la de renunciar a la comodidad de lo supuestamente «garantizado». En lo que a la vida respecta, conviene recordar que toda garantía es ilusoria.

Como hemos visto, los pasos de este proceso no son nada sencillos. La dificultad propia de revisar y modificar tanto los viejos hábitos como los condicionamientos ya naturalizados tropieza también con otros obstáculos: son los que colocan activamente todos aquellos que perderían privilegios si aceptaran los *derechos* femeninos. Con frecuencia quienes detentan privilegios suelen ser reacios a otorgar *derechos* y no queda otra alternativa que tomarlos sin esperar que sean otorgados. La «naturalidad» con que muchas mujeres viven su carencia de *derechos* les impide reconocerlos como propios cuando no se los han otorgado. Habrá que revisar esta situación, que fue magistralmente sintetizada por la ministra de Asuntos de la Mujer de Canadá, cuando inauguró, en 1982, el Congreso sobre Enseñanza e Investigación relativos a la Mujer diciendo:

> Señoras, la libertad no se pide...¡la libertad se toma!

En síntesis, sin el convencimiento de que es un *derecho* defender «lo que a una le conviene» es muy difícil abordar una mesa de negociación. Los derechos generan un plano de paridad indispensable sin el cual no es posible negociar, y dicha paridad solo puede lograrse cuando la propia subjetividad ha legitimado los derechos, otorgados o no.

Tercera: Situación de paridad

Para negociar es imprescindible la paridad —real o subjetiva—, porque coloca a las partes en un mismo nivel. El hecho de sentarse a la mesa de negociación es expresión —y evidencia cabal— de sentirse con *derechos* y en paridad para hacerlo.

Existe, sin embargo, una cantidad de situaciones que no la facilitan y, por lo tanto, se convierten en serios obstáculos para negociar. Resulta evidente que las *dependencias* atentan contra la paridad, de la misma manera que la existencia de *jerarquías y privilegios*.

> Para negociar —señaló una mujer— se necesitan dos que se sientan con los mismos derechos. Es difícil negociar entre dominador y dominado.

Con frecuencia algunas personas esgrimen *derechos* a los que convierten en privilegios, aprovechando que mucha gente no tiene muy en claro la diferencia entre unos y otros. Convendría recordar que los *derechos* y los *privilegios* tienen en común otorgar ventajas y beneficios, pero mientras que los *derechos* son universales, los *privilegios* son exclusivos y además inversamente proporcionales. Es decir, a mayores privilegios (de algunos) menores derechos (de muchos) y viceversa. Los privilegios establecen jerarquías que impiden la paridad. Las jerarquías, por definición, colocan a los que carecen de ellas en lugares de subordinación.

Automáticamente, esta diferencia de lugares legitima privilegios que quiebran la paridad. *Las jerarquías tienen la propiedad de formalizar los privilegios.*

a) «Tener recursos y esperar la oportunidad»

Decíamos que la paridad es condición necesaria para negociar, pero cabe destacar que no necesita ser forzosamente «objetiva» y real. En ocasiones, se puede asumir subjetivamente aun contrariando situaciones reales de dependencia. El ejemplo al cual me referiré a continuación es el relato verídico de una mujer que cuando era adolescente fue capaz de plantearse abordar una negociación con su padre porque, a pesar de su edad y de su dependencia concreta, se sentía con el *derecho* a defender lo que «a ella le convenía».

Cuando tenía 15 años yo ya fumaba, pero en mi casa tenía que hacerlo a escondidas porque, si bien mis padres fumaban, no nos era permitido a los menores fumar delante de ellos. A mí me irritaba profundamente porque debía encerrarme en el baño para fumar, lo cual me resultaba muy desagradable. Decidida a cambiar la situación, estaba atenta esperando la oportunidad que me permitiera ir a una negociación exitosa. Y la oportunidad se presentó en ocasión de unas vacaciones en las que toda la familia decidió hacer una experiencia de campamento en un lugar solitario y alejado de toda población. Yo preparé mis vituallas haciendo una buena provista de cigarrillos. Al cabo de un tiempo, mi padre, que era muy fumador, se quedó sin cigarrillos y sin ninguna posibilidad de comprar en muchos kilómetros a la redondea. Con una sonrisa cómplice me dijo en tono bonachón:

—Querida, convidale un cigarrillo a tu padre.

A lo cual yo contesté:

—Pero papá, ¡vos sabés que no es legal que yo fume!

Dándose cuenta de que yo estaba dispuesta a no ceder un solo cigarrillo sin obtener la legitimación a la que aspiraba, suspiró profundamente y dijo:

—Está bien, hija. A partir de ahora lo legalizamos.

Y a partir de ese momento compartí mis cigarrillos con él y gané el derecho a fumar sin tener que esconderme en el baño. Yo tenía muy claro, ya en aquella época, que para negociar eran necesarias dos cosas: tener recursos y esperar la oportunidad.

En este ejemplo, una hija logra transformar la situación real de dependencia filial en una situación de paridad virtual, que le resultó tan efectiva como si hubiera sido real. Este es un ejemplo muy esclarecedor en lo que respecta a la paridad virtual en la cual, sin ninguna duda, la disponibilidad de recursos (como veremos más adelante) fue un elemento decisivo. Aunque evidentemente ella no era un «par» de su padre, el haber podido legitimar en su propia subjetividad el *derecho* a defender su conveniencia la colocaba en la situación de paridad básica e indispensable para pretender negociar la legalización que anhelaba.

b) La paridad «perdida»

No es poco frecuente comprobar que son las propias mujeres las que convierten en asimétricas situaciones que no lo son. El siguiente comentario es muy elocuente:

> Me inhibía cuando me encontraba frente a personas con más trayectoria que yo y a quienes tenía idealizadas. Hasta que me di cuenta de que son iguales a mí cuando buscan una soquete[10] debajo de la cama. Esa imagen me devuelve la paridad perdida, porque así, agachados, todos somos iguales.

La paridad ubica a las personas en un mismo nivel, es decir en posiciones equivalentes. La manera como cada una se posiciona respecto de los otros, independientemente de las condiciones objetivas, desempeña un papel determinante. Por eso es que las debilidades o las limitaciones reales de una persona no son necesariamente un impedimento para negociar. En lo que respecta a las mujeres, las limitaciones concretas con las que muchas de ellas tropiezan cuando por aceptar la tradicional «condición femenina» se privan de adquirir recursos y consolidar su independencia, no son en sí mismas obstáculos irreversible.

Parece que un factor decisivo es asumir como natural la existencia de estas limitaciones en lugar de considerarlas solo como circunstancias de las cuales es necesario tomar conciencia. La conciencia de las

---

10. *Soquete*: calcetín (*N. del Ed.*).

limitaciones permite concentrar las energías en buscar estrategias adecuadas para compensarlas. Una mujer decía:

> Dejar de considerar las limitaciones como algo «natural» no significa desconocer la realidad sino no permitir que la realidad te anule.

Con frecuencia, muchas mujeres creen que la dependencia es algo «natural», lo cual conduce —inevitablemente— a carecer de recursos o a disponer de ellos de forma muy limitada. La situación de dependencia coloca a quien se instala en ella en un lugar «por debajo», en relación con alguien que termina estando «por arriba».

Es posible comprobar que, a menudo, muchas mujeres tienden a colocar a los otros en lugares jerarquizados, sobre todo si pertenecen al género masculino. Por ejemplo, muchas de ellas otorgan a los comentarios y las afirmaciones que provienen de un varón un crédito mayor que a aquellos que provienen de otra mujer. Este fenómeno —que se produce con tanta «naturalidad»— puede llegar a explicarse por el hecho de que muchas de ellas han internalizado las jerarquías impuestas por nuestra sociedad de estructura patriarcal, es decir porque su propia subjetividad ha legitimado los privilegios otorgados a los varones. Evidencias de estas jerarquías incorporadas son, por ejemplo, las diferencias de estímulos y oportunidades que muchas madres establecen entre sus hijas y sus hijos. De esa manera, no son pocas las mujeres que terminan sosteniendo un pedestal debajo del cual se instalan. Entonces el círculo se cierra, y quienes se arrogan los privilegios terminan siendo legitimados por quienes pierden sus derechos. Se instaura de esta manera una situación de inequidad y falta de paridad que se realimenta a sí misma y a la que contribuyen a perpetuar las propias mujeres.

Cuarta: Disponer de recursos genuinos

a) Recursos «femeninos»

Es bien sabido que para negociar hay que tener con qué, es decir es necesario disponer de recursos. Sin recursos no es posible plantear condiciones y no queda otra alternativa que aceptar las que imponen quien los tienen. Es la disponibilidad de recursos lo que permite entrar en el juego de las negociaciones. El ejemplo de los cigarrillos, del punto anterior, es una demostración contundente.

Sin embargo, esta obviedad suele ser ignorada por muchas mujeres, sobre todo por aquellas que han aceptado la dependencia y se aferran a sus beneficios secundarios, contabilizando solo el *confort* que proporciona, sin tomar conciencia de los costos inevitables de dicho *confort*. Costos que casi siempre superan ampliamente los beneficios, generando autovaciamientos que irremisiblemente generan quebranto.

La dependencia es inversamente proporcional a la disponibilidad de recursos y, en consecuencia, también es inversamente proporcional a las posibilidades para negociar. En las sociedades de organización patriarcal, la administración de los recursos (económicos, legales, políticos y religiosos) ha sido asignada al género masculino, lo cual condiciona desde la cuna la supuesta naturalidad de la dependencia femenina. Un ejemplo de esto, hasta podríamos decir caricaturesco, fue protagonizado por una mujer que, de viaje por Marruecos, en ocasión de visitar un mercado árabe, al cabo de largas negociaciones con un comerciante tuvo que recurrir a su guía varón para que le entregara el dinero que aquél debía recibir. Debió hacer eso porque el comerciante, en su calidad de musulmán sunita, «no tenía permitido recibir dinero de manos de una mujer».

b) ¿La sexualidad como recurso?

La dependencia y la consecuente falta de recursos no evita que las negociaciones existan. Como señalamos al iniciar este libro, las negociaciones son inevitables porque también lo son la convivencia así como los diferendos que origina la singularidad de cada uno de los que conviven. En otras palabras, nos guste o no, seamos dependientes o independientes, las situaciones de negociación son ineludibles.

Por lo tanto, resulta evidente que, ante la inevitabilidad de negociar, a algunas mujeres no les queda otra alternativa que recurrir a otros tipos de recursos que no están directamente relacionados con el objeto concreto de negociación, porque pertenecen a otros ámbitos; entonces los implementan forzadamente a falta de otros genuinos. Uno de ellos es recurrir al sexo para resolver negociaciones que nada tienen que ver con la sexualidad en sí misma. Una mujer comentaba:

¡Cuánto disfrute sexual me perdí por usar la sexualidad como recurso de presión! Con el tiempo me di cuenta de que hacía eso porque no tenía otros recursos, ni independencia económica ni la autonomía suficiente para decirle abiertamente a mi marido todo aquello de lo que disentía.

Para muchas mujeres, la sexualidad se convierte en el único recurso disponible. De la misma manera que las mujeres pobres y analfabetas recurren a sus conocimientos elementales de supervivencia: cocinar y limpiar —a falta de otro saber— para emplearse en el servicio doméstico, así también muchas otras —pudientes y preparadas— recurren el elemental conocimiento de la sexualidad a falta de otros más genuinos cuando se ven en la necesidad de abordar negociaciones para las cuales no están preparadas.

Estoy convencida de que no es una elección unilateral de las mujeres sino que se halla fuertemente condicionada —y hasta forzada— por una sociedad que hace de la mujer una vagina ambulante y del varón un pene voraz en perpetua insatisfacción. «Hecha la ley, hecha la trampa», dice un refrán popular. Así pues, la misma sociedad que convierte en victimarios tanto al varón como a la mujer, irremediablemente los transforma en víctimas de maltratos mutuos.

Volviendo al eje de la negociación, es importante señalar que los recursos no genuinos favorecen negociaciones tortuosas que suelen producir más pérdidas que beneficios. El ejemplo de los cigarrillos es una situación de negociación franca y directa con la utilización de recursos genuinos. Un recurso no genuino hubiera sido, por ejemplo, que nuestra protagonista optara por adoptar comportamientos desagradables o rebeldes como una manera de «castigar» a su padre porque no le permitía fumar. De ese modo habría contribuido a generar mayores insatisfacciones mutuas y menores posibilidades para obtener el objetivo anhelado. En su lugar decidió enfrentar una negociación, proveyéndose de los recursos pertinentes y esperando el momento más propicio.

En síntesis, las mujeres deberán aprender —y enseñar a sus hijas e hijos— que la adquisición de recursos (éticos, intelectuales, económicos, etc.) tiene el mismo nivel de importancia y urgencia que aprender a amar y hacerse amar. La utilización de recursos genuinos evita el enorme desgaste (físico y psíquico) que generan las negociaciones tortuosas cuando se echa mano a recursos no genuinos.

Quinta: Proponerse un objetivo y sostenerlo

a) ¿Negociar con los hijos?

Toda negociación requiere un análisis cuidadosos de los recursos y de las circunstancias, para ir ajustando las estrategias de acción en pos del objetivo propuesto.

Sin lugar a dudas, un requisito indispensable para llevar adelante una negociación es haberse propuesto un objetivo y estar dispuesta a sostenerlo. Es probable que a muchas lectoras y lectores el objetivo les resulte tan obvio que se sorprendan cuando en este texto lo vean elevado a la categoría de requisito. Sin embargo —no me canso de repetir— lo obvio suele ser a menudo lo más encubridor, y en lo que al objetivo respecta, no es difícil llegar a comprobar cuántas personas lo pierden a mitad de camino o terminan las negociaciones defendiendo objetivos contrarios a sus intereses, sin percatarse de ese desvío. Una mujer comentaba:

> No entiendo qué me pasó. Los otros días junté todas mis energías y fui dispuesta a negociar con mis hijos la distribución de tiempos para usar el coche familiar. Tenía muy claro mi objetivo, que consistía en distribuir el tiempo para usar el coche de manera de respetar las distintas necesidades incluyendo las mías y, sobre todo, sin renunciar a ellas. No sé qué me pasó durante la negociación, pero lo cierto es que cuando terminé me encontré que *había cedido el doble de lo que me había propuesto defender como mínimo.*

Este es un ejemplo elocuente que pone en evidencia un fenómeno muy particular: salirse del eje de los propios intereses para terminar favoreciendo los intereses de la «vereda de enfrente». En este caso el objetivo estaba bien definido, pero por «raras circunstancias intangibles» no pudo ser sostenido y se diluyó imperceptiblemente ante los ojos de la interesada.

Sabemos que todo es siempre mucho más complejo que lo que parece, e incluso que lo que somos capaces de dilucidar luego de las arduas reflexiones. Por ello no pretendo dar una explicación acabada de este fenómeno sino solo aportar algunos de los aspectos que pude desentrañar a lo largo de tres años de investigaciones con grupos de mujeres (y algunos grupos mixtos) en la Argentina, España, Brasil y Chile. Para gran sorpresa mía, muchas mujeres esgrimían el concepto de «justicia» como un impedimento para negociar. Veamos a qué me refiero.

b) ¿La justicia es justa?

Algunas mujeres comentan que se sienten «desarmadas» cuando la otra parte esgrime el argumento de que es «justo» lo que reclama y, por lo tanto, debe serle otorgado. De igual manera, muchas hacen hincapié en que para defender sus intereses necesitan estar convencidas de que son «justos».

Me permitiré una breve digresión acerca del sentido de la *justicia,* que podrá esclarecer el tema: proponerse un objetivo y sostenerlo. La justicia no es un criterio «objetivo» sino resultado de un consenso social de lo que cada grupo considera como «justo». Para algunos grupos sociales, la existencia de privilegios es justa porque consideran que han sido otorgados por la divinidad y corresponde perpetuarlos. Por ejemplo, la división de castas entre hindúes sería un reflejo de ello. Un paria no considera injusto el hecho de no tener casa ni comida, porque adhiere al grupo social del que forma parte, que instaló la división de castas como mandato divino. En cambio, los grupos que no avalan los privilegios de ningún tipo lo consideran una injusticia social. Podemos decir, entonces, que la justicia no es un valor universal, ya que lo que resulta justo para unos puede ser considerado injusto para otros. En consecuencia, su falta de «objetividad» la elimina como criterio pertinente para dirimir los diferendos en una negociación. Sin embargo, ello no impide que su concepto sea utilizado y que no pocas mujeres sean particularmente sensibles a las objeciones que, «en nombre de la justicia», las desvían de sus objetivos o les impiden sostenerlos.

La aplicación del criterio de justicia más bien suele entorpecer las negociaciones en lugar de ayudar a resolverlas, porque la justicia no tiene como propósito defender los intereses de una u otra parte sino aplicar la ley de manera neutral. Por eso se la representa con los ojos vendados.

El imperativo de neutralidad —propio de la justicia— resulta incompatible con la defensa de los intereses de las partes.

Es conveniente tener presente que cuando una persona negocia no es neutral ni tiene porqué serlo. Creo que la exagerada sensibilidad con que algunas mujeres implementan el criterio de justicia en mitad de una negociación se debe por lo menos a dos motivos: uno, que confunden *justicia* con lo que personalmente consideran «lo justo», y otro, que se produce un corrimiento de los roles.

En relación con lo primero, es necesario destacar que la *justicia* es la instancia social por la cual una comunidad hace cumplir las leyes que ha promulgado. No está vinculada a las apreciaciones subjetivas de lo que «se considera justo», sino al cumplimiento de la ley. Pero he podido comprobar que, con frecuencia, muchas personas superponen ambos significados[11].

En relación con el corrimiento de roles, se produce un fenómeno por el cual muchas mujeres dejan de funcionar como *partes* de la negociación para convertirse —ilusoriamente— en *jueces* de ella (y desde allí decidir qué es lo «justo»). *Una consecuencia de este corrimiento es que la exigencia de neutralidad asignada al rol de juez bloquea la defensa de los propios intereses.* De allí que muchas de ellas terminen perdiendo su objetivo original o se encuentren sin argumentos para sostenerlo.

A esta altura no podemos dejar de preguntarnos por qué mujeres inteligentes, capaces de dilucidar complejos entreveros intelectuales, suelen caer en la confusión de creer que la justicia es un criterio pertinente para resolver negociaciones. Podemos esbozar algunas razones.

Una de ellas es que las mujeres se han hecho cargo de ser las depositarias de defender «lo justo», de la misma manera que son las depositarias del amor. Es por esto que, a menudo, se sienten comprometidas a mantener

---

11. Coherente con esta observación he utilizado en este texto la palabra «justicia» para referirme a ambos significados, pero poniéndola entre comillas cuando hago referencia a su acepción subjetiva.

viva la llama del amor —y responsables por ello— aunque sean las únicas que avivan su fuego. Se trata de una trampa muy sofisticada que las coloca en un callejón sin salida, porque en el afán de ser «neutrales» se erigen en jueces y renuncian a defender «su parte» en el juego de la negociación.

Otra razón que explica la particular sensibilidad con que responden al criterio de justicia probablemente esté relacionada con un mecanismo inconsciente por el cual estas mujeres intentan reivindicar la «discriminación» con que se tratan a sí mismas cuando anteponen los intereses ajenos a los propios, sin poder legitimar su derecho a defenderlos. En otras palabras, muchas mujeres tienden a exigir «justicia» o a responder a ella en circunstancias de negociación, como una manera inconsciente de lograr que «desde afuera» les legitimen y legalicen sus necesidades e intereses personales que su propia subjetividad no ha legitimado ni legalizado. Si no fuera así, seguramente no tendrían necesidad de apoyarse en la *justicia* como criterio. Se limitarían a defender sus derechos dentro de una ética solidaria. Una mujer comentaba:

> ¿Acaso no somos injustas con nosotras mismas cuando dejamos de defender los intereses propios por defender los ajenos?

En ocasiones, el malestar con que muchas mujeres viven la defensa de sus objetivos las lleva a anhelar que un criterio «externo» a ellas, como podría ser el de la *justicia,* las eximiera de la responsabilidad de sostenerlos por propia decisión.

En síntesis, el criterio de justicia —en absoluto pertinente en el contexto de la negociación— suele convertirse en un obstáculo para sostener los objetivos propuestos. Pero cabe destacar que la *justicia* de por sí no es un impedimento; lo que la convierte en traba es implementarla en el circuito equivocado.

Sexta: Ser capaz de emitir un «no» y tolerar recibirlo

a) «No estoy dispuesta»

Toda negociación es un proceso donde unos y otros plantean sus condiciones, las cuales se van rechazando en parte y reemplazando por nuevas hasta llegar al acuerdo o a la renuncia de negociación. Este itinerario zigzagueante que suelen adoptar las negociaciones obliga, necesariamente, a que cada una de las partes sea capaz de decir algo tan sencillo como «no estoy de acuerdo». En otras palabras, participar de una negociación es estar dispuesta a decir «no» tantas veces como sea necesario. Por ello la capacidad de pronunciarlo con naturalidad es uno de los requisitos inevitables. He podido observar que no resulta tan fácil para muchas mujeres ser «natural» a la hora de tener que emitir un «no». Con frecuencia suele ser un «no» temeroso que desdice lo que pretende afirmar, o por el contrario, es tan temerario y violento que frena toda posibilidad de diálogo. Una mujer comentaba:

Yo comienzo diciendo que no a cualquier cosa que me pidan mis hijos para después empezar a considerar de qué se trata. Lo hago así porque de lo contrario soy capaz de hacer cualquier cosa que me pidan.

Estos extremos —que son mucho más frecuentes de lo que se podría imaginar— son síntomas que expresan un malestar, una dificultad o un conflicto. Si el «no» dejara de estar tan cargado de significados superpuestos, muy probablemente surgiría con la misma naturalidad con que se pronuncia el «sí». El «no» parece estar cargado de significados que van más allá de su acepción ordinaria como adverbio de negación. Todos sabemos, aunque no siempre lo tengamos consciente, que negar algo significa, en primer lugar, una falta de coincidencia. Pero también pone en evidencia la capacidad para discriminarse del deseo ajeno y, como si esto fuera poco, el «no» remarca que existen límites. Podemos darnos cuenta, entonces, de que ese monosílabo está acompañado por una carga afectiva muy intensa y comprometida. Sin embargo, resulta muy llamativo comprobar que el hecho de disentir, diferenciarse y poner límites (o recibirlos) no suele tener el mismo significado para las mujeres que para los varones. Una mujer comentaba:

Tengo que negociar conmigo para decir «yo no estoy dispuesta» sin tener que justificar mi derecho a pensar o desear cosas distintas. Siempre creía que tenía que explicar por qué yo disentía cuando no me gustaba lo mismo que a los demás. ¡Es algo tan elemental darse cuenta de que todos somos distintos! Y que eso no hay que estar justificándolo.

b) La maldad del «no»

Decía anteriormente que el «no» suele estar cargado de muchos significados. Algunos de los que aparecen con mayor frecuencia en los comentarios femeninos se refieren a la «maldad», la «violencia» y el «desamor».

El «no» suele ser vivido por algunas mujeres como una expresión de *maldad*, lo cual deriva automáticamente en creer que emitir un «no» es sinónimo de «ser mala», de la misma manera que recibir un «no» pasa a ser una expresión de la «maldad» ajena. Este contenido de maldad asociado al «no» se filtra en muchos comportamientos cotidianos. Uno de ellos es un hecho tan trivial como frecuente que suele pasar inadvertido a pesar de su contundente e inevitable presencia. Me refiero a la frecuencia con que las niñas y los niños dicen abiertamente «sos mala» o «sos malo» cuando reciben un «no» de sus progenitores. El «sos mala» pronunciado una y otra vez por esos niños a los que una ama y desea el bien, termina, como la gota que horada la piedra, dejando un antecedente indeleble, y al mismo tiempo invisible, en los registros inconscientes de muchas mujeres. Si los niños siguen usando insistentemente el «sos mala» debe de ser porque les resulta muy efectivo. Podemos suponer que esa efectividad se debe a que el adjetivo «mala» encuentra resonancia en las mentes y los corazones femeninos. Digo «femeninos» porque resulta sorprendente comprobar la diferencia que suele existir entre las reacciones de las mamás y los papás. Mientras que los padres suelen recibir el «sos malo» de sus hijos como una expresión transitoria, de frustración infantil —y no le otorgan mayor importancia—, las madres retienen la expresión con un sabor amargo que deja una herida abierta. Este es solo uno de los muchos ejemplos que suelen pasar inadvertidos, cubiertos con el manto de lo «habitual», que los convierte en «naturales». Como es posible comprobar, el monosílabo —aparentemente inofensivo— llega a generar malestares y conflictos, porque en sus diversas versiones pasa a ser interpretado por no pocas mujeres como una prueba irrefutable de maldad.

Ser «mala» no sería demasiado grave si no fuera que circula un consenso acerca de que a las «malas» no las quiere nadie y que malas son todas las que se resisten a satisfacer, complacientemente, las demandas ajenas. Es decir, son «malas» todas las que dejan de ser «buenas», y no está de más recordar que pende una amenaza intangible para las que se desvían del camino de la bondad. Desde tiempos inmemoriales circulan expresiones populares que hacen referencia a que las niñas deben ser «buenitas» y que, de esa manera, tienen garantizado el cielo. Parafraseando este «saber popular» (que de saber tiene poco y en cambio mucho de intimidación encubierta), algunos grupos de mujeres chilenas echaron a volar otro refrán que circula a buen paso:

Las niñas buenas van al cielo… las otras a todos lados.

Es evidente que con tantos condicionamientos y amenazas veladas no resulta nada fácil, para algunas mujeres, emitir un «no» (o aceptarlo) como una simple expresión de desacuerdo.

Otro significado que se superpone al de la maldad es el de «desamor». Es sabido que disentir no es dejar de querer; sin embargo, muchas mujeres viven el «no» como una expresión inequívoca de falta de afecto. También sabemos que diferenciarse no es renunciar a la compañía; no obstante, muchas le asignan al «no» diferenciador consecuencias nefastas y abandono. De la misma manera que delimitar espacios y compromisos no es evadir responsabilidades, muchas viven la puesta de límites como una falta de solidaridad. Resulta evidente que el «no» está cargado de significados superpuestos que se mantienen ocultos para la conciencia, pero no por ello son menos efectivos como generadores de parálisis y angustia.

A los significados que acabamos de señalar se les agrega un tercero no menos atemorizante: el de la «violencia». Para algunas mujeres poner límites, expresar disconformidad o simplemente decir «no» tienen una carga significativa de violencia. Una mujer comentaba:

Yo no sé qué me pasa, pero cuando tengo que defender un «no» siento tanto malestar que me empiezo a poner nerviosa muchas horas antes y no termino de tranquilizarme hasta muchas horas después.

La violencia del «no» parece que reside en creer que al emitirlo hiere al destinatario, de manera similar a como las mujeres se sienten «heridas» cuando lo reciben. No es poco frecuente comprobar que suelen «ofenderse» cuando son cuestionadas, y tienden a considerarlo un atentado a su autoestima. Por temor a la violencia muchos «no» son omitidos, y cada «no» omitido se convierte en un «no» vuelto contra una misma.

Desprenderse de las tortuosas redes aprisionantes que generan los significados superpuestos atribuidos al «no», no es tarea fácil, incluso para mujeres de probada independencia que han logrado llevar adelante trayectorias protagónicas en el ámbito público. Una de ellas comentaba:

> Hace poco me encontré con que era la única que se oponía a una propuesta grupal. Me encontré diciendo «yo no quiero y yo no estoy dispuesta». Escucharme a mí misma me impactó. Ya soy grande y es la primera vez en mi vida que lo digo. Me salió de adentro, sin llegar a pensarlo. Pero luego sucedió algo que me sorprendió más aún: cuando el resto de mis compañeras puso en evidencia lo que yo había dicho, tuve el impulso de decir: «Yo no fui». Muchas veces pongo cara de «Yo no fui» cuando digo o hago algo meritorio. Es como si hubiera cometido una travesura, como si mostrarme o enorgullecerme de mis actos fuera una travesura.

Muchas veces la cara de «yo no fui» es un intento de disimular, una manera de neutralizar protagonismos o minimizar ambiciones. La misma mujer agregó:

> Me doy cuenta de que cuando pongo cara de «yo no fui» una comienza a achicarse, es una manera de achicarme; de hacerme chiquita, para parecer lo más insignificante posible y pasar inadvertida. Es como si creyera que así estoy más protegida.

Este comentario —muy elocuente, por cierto— pone al desnudo algo demasiado frecuente en muchas mujeres: la dificultad para asumir que la mejor protección es la de hacerse cargo de lo que una es y de lo que una quiere. La protección que supuestamente proviene de «hacerse invisible» se convierte en la mayor de las desprotecciones, porque deja el espacio para que sea otro quien piense lo que una siente y diga lo que una quiere. El otro, de muy buena fe, puede equivocarse o tergiversar al interpretarnos.

Esta frase tan sencilla —«Yo no estoy dispuesta»— no debería presentar dificultades; sin embargo, es fácil comprobar que no es así, porque decir «No estoy dispuesta» significa, ante todo, no solo legitimar lo que una piensa, sino también sostenerlo.

A esta altura, estamos en condiciones de mostrar con claridad y poner en evidencia cual es el punto medular de este tema. En otras palabras, ahora ya podemos develar su significado profundo y perturbador. Decir «Yo no estoy dispuesta» tiene un significado inequívoco: *es la expresión contundente que confirma la falta de incondicionalidad.*

Debemos recordar una vez más que la *incondicionalidad* es uno de los baluartes en los que se ampara la «condición femenina» sostenida por el patriarcado, que enarbola la incondicionalidad maternal como prueba y confirmación de femineidad. Desde la óptica patriarcal, la falta de incondicionalidad se considera un atentado a la femineidad. Llevado a su expresión extrema —y un tanto caricaturesca— la falta de incondicionalidad termina siendo un atentado al concepto del amor. Teniendo en cuenta que tanto mujeres como varones somos un producto de las concepciones patriarcales, es posible entender las dificultades con que tropiezan muchas mujeres cuando pretenden asumirse como seres humanos no incondicionales.

En síntesis, el «no» materializa las diferencias y permite la diferenciación y la puesta de límites. Pero, por encima de todo, es la expresión más acabada de la falta de incondicionalidad. Decir «no» es asumirse como un sujeto que pretende reciprocidad en lugar de vínculos unilaterales. Y esta pretensión genera conflicto en no pocas mujeres, porque muchas llegaron a convencerse de que «el único amor verdadero es el amor incondicional».

6. Los obstáculos

En el capítulo precedente puse el énfasis en los requisitos personales que resultan indispensables para estar en condiciones de abordar cualquier negociación. Se trata, como hemos podido observar, de requisitos para cualquier capacitación y que son también *independientes* de la capacidad intelectual. Su adquisición y disponibilidad dependen, en gran medida, de la posibilidad de superar determinados obstáculos. En lo que respecta a las mujeres, estos obstáculos están multideterminados, tanto por las historias personales como por mitos sociales profundamente arraigados en el acervo popular. En función de los objetivos propuestos en este trabajo dejaré premeditadamente de lado lo que se refiera a las historias personales, para centralizar la atención en los obstáculos que están fundamentalmente determinados por mitos sociales.

Entre los que más llamaron mi atención destaco cuatro que, aunque pertenecen a distintas categorías, están sin embargo en permanente interacción. Por ello, para analizarlos los tomaré en su conjunto, procurando respetar su compleja interrelación. Los obstáculos a los que me refiero incluyen *confusiones, fantasmas, creencias ilusorias y terrorismos varios.*

He podido observar que muchas de las confusiones tienden a polarizar las actitudes —sobre todo femeninas— en términos de amor o desamor. Es así como no pocas mujeres suelen identificar con el amor (o interpretar como su expresión inequívoca) actitudes tales como la complacencia o la incondicionalidad. Siguiendo la lógica binaria, las contrapartidas de esas actitudes son automáticamente designadas atributos del desamor. Entre ellas figuran la disidencia, la falta de complacencia, la puesta de límites o el cuestionamiento.

La persistencia y el uso frecuente de dichas confusiones suelen otorgarles credibilidad a tal punto, que alimentan fantasmas no poco atemorizantes. Es posible comprobar que una de las maneras de contrarrestar los temores que esos fantasmas despiertan consiste en alimentar y sostener creencias puramente ilusorias que, al estilo de los cuentos de hadas, garantizan un final feliz. A continuación analizaré algunos de los fantasmas, creencias ilusorias y terrorismos más frecuentes con que tantas mujeres justifican muchas insatisfacciones.

Tanto unos como otros son obstáculos que requieren superarse para adquirir los requisitos básicos de la negociación.

El fantasma del desamor

a) Desamor y fantasma

El desamor es una experiencia vital temida por casi todos los seres humanos. Y su temor está ampliamente justificado, porque las experiencias de desamor no solo son dolorosas sino también enfrentan a quienes las transitan con profundas vivencias de vacío. Un poco más o un poco menos, todas las personas tenemos que librar alguna vez batallas contra el desamor. Y esto es una situación de vida a la que no escapan ni las mujeres ni los varones.

Pero el *fantasma del desamor* es algo distinto del desamor propiamente dicho. Cuando el desamor se convierte en fantasma deja de ser una experiencia temida pero factible de superar (y relativamente tolerable), para convertirse en una amenaza permanente que no ofrece escapatoria y, por lo tanto, aterrorizante. Su aparición más frecuente es en calidad de castigo ante supuestas faltas o transgresiones. Es lo que a menudo aparece en el lenguaje popular como «Si te portás mal dejo de quererte», donde el amor es utilizado como premio o castigo por alguien que se considera su proveedor. El fantasma tiene la propiedad de paralizar, porque condensa todo lo siniestro de los temores humanos.

Respecto a las dificultades para negociar (más concisamente, a las dificultades para acceder a los requisitos personales básicos que permitan abordar negociaciones) he podido comprobar que el *fantasma del desamor* desempeña un papel decisivo en no pocas mujeres. Al respecto, conviene dejar claro que los varones no tienen el privilegio de carecer de fantasmas, pero los fantasmas masculinos poco y nada tienen que ver con el desamor. Es poco frecuente que los varones teman dejar de ser queridos por defender sus intereses o sostener sus convicciones. En la concepción masculina, el amor suele tener poca o ninguna incumbencia en el mundo de las negociaciones. La preocupación de los varones suele estar más relacionada con el temor a perder la negociación —o a desempeñar un papel poco «respetable» ante los ojos de los otros varones— que con el temor de ser menos queridos.

Hecha la introducción que nos permite captar la diferencia entre desamor y el fantasma del desamor, intentaré introducirme en el corazón mismo del fantasma para desentrañar sus misterios, con la misma actitud con que muchas de las niñas que alguna vez jugaron con esas muñecas muy parecidas a bebés (con cuerpo de tela y cabeza de porcelana) les abrían literalmente el cuerpo y las cabezas tratando de descubrir el misterio de los «pensamientos» del juguete. Irremediablemente se encontraban con que «adentro» solo había aserrín y que los pensamientos les pertenecían a ellas mismas: como dueñas de las muñeca, le hacían «decirlos o pensarlos». Al igual que los «pensamientos» de esas muñecas, muchos fantasmas se desvanecen cuando son desentrañados (en su sentido simbólico y literal).

b) Ilusiones y creencias ilusorias

Para alcanzar lo que considero medular del objetivo propuesto es necesario hacer un pequeño desvío, que me lleva a dejar constancia de otra diferencia. Así como existe una diferencia entre desamor y fantasma del desamor, también existe una diferencia —clave a mi juicio— entre *ilusiones y creencias ilusorias*.

Pienso que las ilusiones son lo que queda de las utopías cuando los seres humanos logramos tolerar las limitaciones que nuestra condición nos impone. Por ello es que las ilusiones son a menudo la guía esperanzada que nos orienta en el camino de nuestros anhelos. Creo que es tan difícil vivir sin ilusiones como vivir sin proyectos; por eso sostengo que las ilusiones deben ser alimentadas, mantenidas y defendidas. Pero así como las ilusiones son uno de los pilares que sostienen la vida humana, las *creencias ilusorias* son mecanismos que nos alejan de la realidad y, por tanto, nos condenan a mayores grados de frustración.

Teniendo más claro que una ilusión no es lo mismo que una creencia ilusoria estamos en condiciones de entender otra diferencia sustancial: la que existe entre la *ilusión amorosa* y el *amor ilusorio*.

La *ilusión amorosa* implica la esperanza de lo posible. Es el anhelo de amar y ser amada. Lo posible —debemos aceptarlo— es vulnerable a las limitaciones de la realidad o a las de nuestras potencialidades y recursos. Lo posible nunca abarca la totalidad del universo disponible, por muy amplio que sea el espectro al cual podamos acceder. Desde esta perspectiva, la ilusión amorosa impulsa el anhelo de uniones y encuentros felices, pero tolera —aunque a regañadientes— un cierto grado de insatisfacción. Esto hace posible amar a otro aunque sea «imperfecto» y considerar que, por lo tanto, una no necesita ser «perfecta» para ser amada.

El *amor ilusorio*, en cambio, es omnipotente, tiene pretensiones de universalidad y exige entregas incondicionales. El amor ilusorio encarna el anhelo ilimitado de «tenerlo todo», el anhelo de «saciedad». Por eso el amor ilusorio suele ser requerido como un talismán mágico capaz de llenar hasta aquellos recónditos lugares donde residen los anhelos de los cuales aún no tenemos conciencia. El amor ilusorio obliga a la entrega incondicional y reclama, a su vez, la del otro. Es un amor que pretende ser fusionante y que, necesariamente, oscila entre dos alternativas: convertirse en panacea o en desolación, según esté presente o ausente. Termina siendo un amor despótico, porque la irrealidad en la que se sustenta no deja de producir frustraciones.

Creo poder afirmar sin demasiado margen de error que —un poco más o un poco menos— casi todo el mundo hace de la ilusión amorosa una tentadora irrealidad ilusoria. Una mujer comentaba:

> Tolero mal que haya alguien en el mundo que no me quiera y debo reconocer que gran parte de mis comportamientos está dirigida a que los demás puedan pensar que yo soy buena y macanuda.

Debemos reconocer que por muy bien dispuestos que estemos a amar a todo el mundo, nuestro amor no alcanzaría para satisfacer las demandas de todos. La inversa es igualmente válida. En ocasión de participar en un Congreso internacional de Psicodrama y Psicoterapia de Grupo, Zerka Moreno (psicodramatista reconocida y esposa del creador del Psicodrama) comentó al respecto: ¿«Porqué debemos ser queridas por todos? ¡Una no podría contener tanto amor!»

Parecería ser que el anhelo de alcanzar un amor ilusorio —al que se considera la llave de la felicidad— enceguece a muchas mujeres quienes se obligan a ser «buenas y macanudas» o a pretender llegar a ser algo así como el «reservorio universal del amor». A la luz de este análisis, resulta evidente que el amor ilusorio ofrece un paraíso inexistente al que son particularmente sensibles muchas mujeres quienes, en pos de ese espejismo, se embarcan en un viaje sin regreso en busca de una promesa que nunca nadie cumplió… porque es imposible de cumplir.

Establecida la diferencia entre ilusión amorosa y amor ilusorio estamos en condiciones de preguntarnos cual es el punto de conexión entre el amor ilusorio, la práctica de la negociación y el hecho de pertenecer al género mujer.

Por complejas determinaciones (de las cuales existe una extensa bibliografía para quienes deseen profundizar el tema) las mujeres van adquiriendo, junto con la identidad de género, una concepción del amor que se nutre mucho más de creencias ilusorias que de ilusiones. La incorporación de creencias ilusorias no es inocua, porque va gestando en la subjetividad femenina expectativas también ilusorias y fantasmas que adquieren dimensiones desorbitadas. Si lo ilusorio es desproporcionado, los fantasmas también lo serán. En el marco de estas complejas determinaciones existe un elemento clave encargado de amalgamar dichas creencias con el fantasma del desamor. Ese elemento es la *incondicionalidad.*

c) La incondicionalidad

Así como he podido explicitar que existe una dimensión ilusoria del amor —que poco tiene que ver con la ilusión amorosa—, puedo afirmar también que uno de sus nutrientes fundamentales es la actitud de incondicionalidad. En otras palabras, que la dimensión ilusoria del amor se alimenta de la creencia de que haciendo todo lo que el otro desea —es decir, siendo incondicionales— es posible *garantizar* el amor, y con ello erradicar el fantasma. Dicho de otra manera muy esquemática: cuando una mujer actúa incondicionalmente cree estar convencida de que así logrará el amor eterno y, de esa manera, expulsará el fantasma del desamor. Desde esta perspectiva la incondicionalidad parecería tener en el psiquismo femenino la función de un «contrato de garantía».

La pretensión de garantías, en la que muchos seres humanos insisten, es tal vez la creencia ilusoria más ilusoria de todas.

A todos nos consta que en lo que al amor se refiere, no existen garantías de ningún tipo. No sabemos bien por qué aparece cuando lo hace y tampoco por qué a menudo se esfuma. El amor no viene con garantía escrita, ni podemos garantizarlo aunque obliguemos a firmarla. Sin embargo, con harta frecuencia, no pocas mujeres llegan a convencerse de que es posible garantizar el amor de aquellos a quienes aman si se colocan en situación de responder incondicionalmente a sus demandas. De esta manera, la incondicionalidad suele llegar a convertirse en un «recurso» de uso frecuente. La ingenuidad con que lo adoptan algunas mujeres suele estar reforzada por la convicción con que la promueve la sociedad patriarcal que insiste, con todos los argumentos a su alcance, en que dicha incondicionalidad es la distinción más genuina de lo femenino. La incondicionalidad ha tenido eficaces campañas propagandísticas, al punto de insertarse en la subjetividad y fomentar confusiones que contribuyen a perpetuarla.

Como ya hemos señalado, no pocas mujeres confunden incondicionalidad con bondad, y suponen que las hace «buenas» a los ojos de los demás y, por lo tanto, queribles. Suelen poner tanto afán y tantas energías en ser incondicionales que no pueden menos que creer que así se vuelven irresistibles. Este pensamiento contribuye a alimentar la ilusión de ser amadas por todos. De esa manera, muchas creyeron haber encontrado la clave de la seguridad y se han lanzado al mundo ofreciendo su complacencia e incondicionalidad, seguras de recoger a su paso el amor merecido que justifique tanta entrega. Esta ilusión no puede ser menos que una fuente inagotable de frustración y desencanto.

La confusión entre incondicionalidad y bondad, junto con la creencia de que a las «buenas» las quiere todo el mundo, no queda circunscrita al ámbito privado. Es posible encontrar versiones equivalentes en los más diversos ámbitos laborales. Una mujer comentaba:

> Soy muy responsable con mi trabajo, y me enorgullece hacerlo con la mayor eficiencia posible. Pero me di cuenta de que yo trataba de hacer todo lo que los otros querían para parecer «buena» y ganarme así el afecto de mis empleadores. Estaba más preocupada por lograr que me quisieran que por conseguir que reconociesen mi capacidad laboral.

Como se puede descubrir a la luz de este comentario (que por cierto no es excepcional), no son pocas las mujeres que ponen su empeño en ser queridas en los ámbitos laborales, cuando correspondería que pretendieran ser reconocidas por la calidad de su trabajo. Esta concepción del amor, que hace de la incondicionalidad el eje medular de su preservación, teje una compleja y extensa red que atrapa a muchas mujeres.

En síntesis, las pretensiones del amor ilusorio atentan contra los requisitos básicos para negociar, porque la necesidad de ser incondicionales y «buenitas» para todo el mundo resulta incompatible con la defensa de los propios intereses, con la exigencia de paridad, con la disponibilidad de recursos y con la capacidad para negarse a los requerimientos ajenos.

Desearía poder transmitir —inequívocamente— que no pongo en duda lo saludable de tener ilusiones (como lo enfaticé al principio del capítulo) ni tampoco lo placentero de vivir con amor. Mi interés por desenmascarar las trampas del amor ilusorio y las de la incondicionalidad reside en mi deseo de contribuir a romper los espejismos que promueven paraísos inexistentes. La vida humana —con todas sus limitaciones— es mucho más nutriente y satisfactoria que las promesas ilusorias de lo que no existe. Sería saludable que las mujeres se resistieran a comprar «pompas de jabón» cuya existencia efímera e insustancial no hace más que profundizar inseguridades y temores.

El anhelo ilusorio de protección

Como hemos visto, las negociaciones nuestras de cada día están llenas de obstáculos. Y ninguno de ellos es pequeño. El fantasma del desamor, con sus múltiples ramificaciones, no es un fantasma solitario. Así como en el Olimpo griego los dioses de distintas categorías convivían y se entremezclaban en pasiones tortuosas, de igual manera, en la dimensión semioculta de los obstáculos se entremezclan fantasmas, ilusiones, anhelos ilusorios y temores varios. Ninguno resulta ser totalmente independiente de los otros. El obstáculo en el que ahora focalizaré la atención —me refiero al anhelo de protección y a su dimensión ilusoria— no deja de tener conexiones con el anterior, pero también posee su propia especificidad, de la cual intentaré dar cuenta.

a) Protección necesaria y protección ilusoria
Tal como antes nos vimos en la necesidad de señalar la diferencia entre ilusión amorosa y amor ilusorio, también

ahora necesitamos hacer una diferenciación respecto de la protección. Una cosa es la *protección necesaria* y otra cosa muy distinta es la *protección ilusoria.*

La *protección necesaria* es una condición para hacer posible el crecimiento y el desarrollo. Si nos referimos a los seres humanos, sabemos que todos atraviesan un período de inermidad durante el cual aún no cuentan con los recursos mínimos necesarios para preservar su crecimiento. Los bebés, por ejemplo, no pueden autoadministrarse alimentos ni tampoco autosatisfacer sus necesidades básicas de higiene. Por ello resulta imprescindible que puedan contar con la protección de los adultos. Estos hacen por ellos lo que todavía no están en condiciones de hacer por sí solos. El mismo razonamiento es válido en lo que se refiere a la adquisición de los otros recursos que no son estrictamente de origen biológico, como por ejemplo, los vinculados a la interacción humana y la maduración de los afectos.

Esta protección —que está al servicio del crecimiento y la maduración— es una protección destinada a desaparecer o bien a reducirse a su mínima expresión. Cuando funciona positivamente se instala un círculo virtuoso por el cual la restricción progresiva de la protección estimula la búsqueda de recursos propios. En cambio, cuando funciona negativamente, se establece un círculo vicioso por el cual la protección se convierte en sobreprotección y limita la adquisición de recursos que, a mayor o menor plazo, incrementan la desprotección. La protección necesaria es limitada en tiempo, como si fuera una moratoria, porque ofrece un espacio temporal para que los individuos inviertan su período de crecimiento en adquirir los recursos que les permitirán un desempeño autónomo.

Cuando la protección excede los tiempos «naturales» termina instalándose una invalidez que perpetúa infantilismos fuera de tiempo y lugar. Una de las tentaciones que contribuyen a seguir requiriendo protecciones innecesarias proviene de la «tranquilidad» de sentirse en un confortable resguardo. A menudo podemos comprobar que, con el fin de continuar disfrutando de la comodidad que ofrece la protección, muchas personas que han dejando la infancia extienden, sin embargo, su condición infantil. Como ya señalé en otra oportunidad, en la dimensión humana nada deja de tener su costo. Y el costo de usufructuar la protección fuera de tiempo suele devengar intereses usurarios similares a los que generan las deudas de dinero no canceladas en el plazo pactado. Dejo por ahora pendiente el desarrollo de los costos, para retomarlo más adelante.

La *protección ilusoria* poco tiene que ver con la protección necesaria. Consiste en suponer —aun desmintiendo las pruebas que a menudo ofrece la realidad— que existe algo así como un «espacio ideal» que está resguardado de todo riesgo. Este «espacio ideal» suele ser ubicado fuera de la propia persona y atribuido frecuentemente a los otros significativos del entorno. De igual manera que los niños proyectan la seguridad de protección en sus padres —como única forma de contrarrestar los miedos frente a la propia inermidad— algunos adultos decretan que son «otros» los responsables de su protección.

Esta creencia ilusoria suele encontrarse con mayor frecuencia en mujeres que en varones. Y esto suele ser un muy «mal negocio» para la vida. No son pocas las mujeres que toleran instalarse en lugares de dependencia infantil, «apoyadas» por un marido «protector» que las conduce —inevitablemente— a un callejón sin salida. Suelen quedar entrampadas en una situación contradictoria, por la cual corren con todas las desventajas de la falta de autonomía que genera la dependencia, sin poder evadir por ello el excesivo peso cuando se convierten en las máximas responsables de la crianza de los hijos. Demasiado «niñas» para decidir sobre sus propias vidas, pero suficientemente grandes para administrar con éxito obligado la producción de hijos, muchas terminan alimentando el anhelo ilusorio de protección que las vuelve cada vez más inermes.

En esta trama contradictoria, llegan a creer que están «protegidas» cuando en realidad están aprisionadas igual que los árboles enanos o bonsái. Con mucho dolor suelen llegar a comprobar, con el paso de los años, que se parecen a ellos: son adultas en la forma, pero ocupan muy poco espacio y dependen siempre de la mano que las riegue. Igual que un ombú —ese arbusto gigante de las pampas argentinas—, que cuando es bonsái y queda aprisionado en una pequeña maceta solo alcanza una altura de unos pocos centímetros y pierde la posibilidad de desplegarse en todo su esplendor. Esta es una de las tantas versiones nefastas que suelen adoptar el anhelo ilusorio de protección.

b) El varón «protector»

La protección ilusoria no surge por generación espontánea. Las escrituras de casi todos los credos han ubicado a la mujer bajo la protección masculina. Las legislaciones sociales recogieron esos mandatos y hasta épocas muy recientes pocas mujeres podían decidir sobre sí mismas sin el permiso masculino. Desde el mismo momento en que se declara a la mujer bajo la protección masculina, queda signado su destino de dependencia, que aún tiene vigencia en las sociedades más evolucionadas. La protección ilusoria es una especie de idealización exagerada con que las mujeres esperan encontrar en el varón aquello de lo que creen carecer.

Por eso es que la protección masculina suele aparecer en el imaginario femenino como una panacea de bienestar, y el varón que la brinda, como un dios omnipotente. Instalada originariamente la relación «protector-protegida» como si fuera un «destino biológico», termina siendo un juego que se juega de a dos: ellos creen que todo lo pueden y son los que siempre dan; ellas, que siempre necesitan y son las que solo reciben. Suele ser un engaño a dúo que estampa tanto a mujeres como a varones. Esta concepción del «varón protector» no deja de tener consecuencias insalubres para la pareja. Mientras ellos se ven obligados a no perder imagen y a parecer Supermán aunque la capa les quede grande, ellas suelen reclamar el «derecho» a ser protegidas, creyendo que así reciben el tratamiento equitativo y «justo» que toda mujer merece. Con frecuencia, la protección aparece en el imaginario femenino como el «precio» que los varones están obligados a pagar por las claudicaciones y «entregas» femeninas. Lo cierto es que no pocas mujeres suelen caer en situaciones proteccionistas que siempre dejan muy en claro la jerarquía del «protector».

La concepción del «varón protector» es una construcción social que terminó por ser incorporada a la subjetividad de mujeres y varones. Es por eso que muchas mujeres suelen exigir la protección masculina como un derecho natural, y que muchos varones cargan con el enorme peso de proteger, aunque no puedan ni sepan hacerlo. De esta manera se instaura una fantasía ilusoria que consiste en pretender una protección vitalicia con garantía certificada, firmada por el varón. La idealización de la protección masculina convierte al varón en paradigma de la seguridad.

Una de las consecuencias de idealizar la protección del varón es que termina legitimando la invalidez de la mujer.

Algunas mujeres, al decretar su propia invalidez, contribuyen a generar condiciones que las llevan a sufrir situaciones muy ingratas. Una mujer comentaba:

> Siempre me sentí protegida por mi marido. Yo me ocupé de la casa y de los chicos y delegué en él todo lo referido a lo económico. Muchas veces quiso ponerme al tanto y yo siempre me evadí. Me resultaba cómodo y además estaba convencida de que él iba a protegerme mejor que yo misma. Los otros días me enteré de que pagó varios chantajes para que yo no me enterara que salía con otra mujer. Me di cuenta de que la protección que había depositado en él era pura ilusión y que en realidad estaba desprotegida porque,

además de lo que eso significó afectivamente, usó de mi dinero para pagar los chantajes y fui yo quien terminó financiando la estafa que me hizo.

Dolorosa manera de descubrir que, al insistir en hacerse proteger, lejos de lograr seguridad agregaba a su vida un poco más de dependencia y mucho mayor riesgo.

Es importante no caer en confusiones; por eso quiero señalar que el hecho de cuestionar el anhelo ilusorio de protección depositado en el varón, no significa que los varones sean incapaces de proteger. Tal vez podamos afirmar, sin mucho margen de error, que entre los varones existe de todo, igual que entre las mujeres. Pero la diferencia suele residir en que mientras casi todos los varones —incluso aquellos cuya incapacidad de protección es ostentosamente evidente— se creen protectores, muchas de las mujeres que ejercen una real protección —económica, afectiva y hasta social— suelen no creer que lo son.

La dificultad para reconocerse a sí misma como protectora está determinada, en parte, porque se ha idealizado la protección masculina. Sería mucho más fácil la convivencia —y más consistente— si ambos pudieran reconocer las capacidades propias tanto como las ajenas. Ello contribuiría a bajar el umbral de idealización —que siempre conduce a la frustración— y subir el de la autoestima, equilibrando así el mutuo intercambio. *La capacidad protectora deriva de la madurez física y psíquica, y no del género.* La sexuación de la protección la hace la sociedad a cuenta exclusiva de la ideología patriarcal que pretende retener el control por medio de ella, de la misma manera como las potencias de turno «protegen» a las comunidades satélite para tenerlas bajo su control.

c) Los costos

En un capítulo anterior hicimos referencia a que, desde el punto de vista empresarial, se podía hacer cualquier cosa con los costos menos negarlos, porque llevaba inevitablemente a la quiebra. Esto mismo es aplicable respecto de idealizar la protección masculina; tiene costos elevados y resulta por demás perjudicial ignorarlos o negarlos. Es probable que el costo más significativo resida en la acumulación de dependencias que terminan hipotecando la autonomía.

Las mujeres suelen pensar poco en los costos. Están tan acostumbradas a creer que «no les cuesta nada» hacer cosas para otros que son las primeras en sorprenderse cuando, al cabo de los años, los costos negados que se fueron acumulando dejan un saldo negativo que muchas veces pone en peligro la propia autoestima. Algunas mujeres no toman en consideración costos que consideran «menores» pero que están lejos de serlo, como por ejemplo el de estar pendiente de las necesidades ajenas, el tratar de «adivinar» y anticiparse a los deseos de los otros, el completar las frases que el otro aún no terminó de pensar y todo aquello que hace que la vida de los demás resulte menos esforzada. Es lo que forma parte de lo que podríamos llamar el «secretariado doméstico». Esta expresión fue acuñada hace algunos años por una paciente que hacía referencia a otras situaciones similares. Me permití tomarla y ampliar su significado, porque consideré que era una «perla» que graficaba a la perfección esta tarea cotidiana e invisible.

Muchas mujeres, aun sin saberlo conscientemente, ponen su mejor empeño en perfeccionar ese «secretariado», a menudo impulsadas por el temor a «correr el riesgo» de perder el amor de quienes las rodean. Pero con frecuencia terminan corriendo otro mucho más grande. Una mujer comentaba:

> Por temor a perder el afecto de los otros terminamos perdiendo el respeto por nosotras mismas.

Sería ingenuo —y poco veraz— considerar que el temor de tantas mujeres a «correr riesgos» es una mera fantasía. No podemos dejar de mencionar que ese temor suele encontrar apoyo en situaciones concretas de peligro. Sabemos que en cada negociación existe el fantasma de terminar en desacuerdo y, en consecuencia, arrastra el temor de que ponga fin a la relación. Esto no es un fantasma que pertenece solo al mundo de la fantasía.

En nuestra realidad concreta, la falta de aval masculino resulta mucho más pesada para la mujer que, en general, tiene menos recursos para sostener una posición respetable y —como si esto fuera poco— está inserta en una sociedad hostil a sus pretensiones de reconocimiento, oportunidades e independencia. Hay una serie de situaciones sociales de aplastante contundencia que entorpecen los intentos de «correr riesgos». En nuestra sociedad, la falta de protección masculina empuja a las mujeres a situaciones reales de mayor vulnerabilidad, que cubren un amplio espectro, desde la más trivial dificultad para caminar sola por la calle sin ser molestada —cosa que sucede en casos excepcionales cuando está acompañada por un varón— hasta la dificultad para llevar adelante la crianza de los hijos cuando, por haberse divorciado, queda sin recursos económicos, laborales y afectivos para sostener las demandas diarias de sus niños.

A esto se agrega otro aspecto de la desprotección social concreta que consiste en que la justicia —a través de sus jueces— muy pocas veces encuentra la manera de demostrar que esos hombres que se dicen insolventes (razón por la cual se liberan de mantener a sus hijos) viven holgadamente y a veces hasta llegan a ostentar el estándar de vida que niegan ante la ley. En pocas palabras, el temor a perder la protección masculina no es un temor ilusorio, pero la solución no reside en «quedar pegada» a esa protección sino en implementar los recursos necesarios para disminuir la vulnerabilidad.

Esta aclaración no niega los condicionamientos sociales que aún ejercen mucha influencia. La posibilidad de generar cambios no siempre depende exclusivamente de nuestra decisión psicológica de lograrlo. Pero si bien es cierto que «querer no siempre es poder», debemos reconocer que «querer» es la condición necesaria para llegar a «poder» algo de lo que se quiere. Y en lo que se refiere a las posibilidades de adquirir recursos para negociar, la posibilidad de lograr algo, aunque no sea todo lo esperado, es mucho más reasegurador que mantener el *statu quo*.

Para finalizar este tema, que sin embargo está lejos de haber sido agotado, podríamos sintetizar diciendo que, por varios motivos, el anhelo de ser protegida —y, en consecuencia, depositar en el varón de la capacidad protectora— se convierte en un obstáculo para adquirir los requisitos personales para negociar.

En primer lugar, quien se declara «protegida» está delegando en su «protector» la responsabilidad de asumir la defensa de los propios intereses.

En segundo lugar, el reclamo de protección es una de las tantas formas de generar asimetrías. Es decir, de decretar que el otro está en mejores condiciones para pensar y actuar por una y para una. Ello automáticamente establece una jerarquía que atenta contra la paridad, que es un requisito necesario para toda negociación.

En tercer lugar, en cuanto a la disponibilidad de recursos —requisito también indispensable para negociar— sabemos que necesariamente estará en manos del «protector», que es a quien se le ha delegado la custodia de los propios intereses.

En cuarto lugar, resulta muy difícil para cualquier «protegido» sostener el objetivo propuesto cuando quien asume el lugar de las decisiones y lleva adelante su concreción es el «protector». De la misma forma que quien no maneja un vehículo puede hacer poco para controlar la manera de conducir del que va a su lado en la misma ruta, así también un «protegido» ve restringida la posibilidad de satisfacer sus anhelos cuando quien asume la conducción es el «protector» y, además, está respaldado por los recursos y por la delegación previa hecha en su persona.

Terrorismos y autoterrorismos

En mi libro *Los laberintos del éxito*[12] comencé a esbozar el tema de los terrorismos psicológicos y afectivos por considerar que su presencia —cada vez más reiterada— es una fuente importante de ataques a las pretensiones de protagonismo femenino. En esa oportunidad planteé la hipótesis de que la violencia directa a través de la marginación femenina había cedido espacio ante la necesidad que presentaban algunas sociedades de mostrarse «civilizadas» y «democráticas». Allí señalé que «al verse obstruida la violencia directa a través de la discriminación abierta, comenzó a crecer el terrorismo» y que «el terrorismo intelectual y afectivo es, en la actualidad, una expresión desesperada del intento de frenar las ambiciones de protagonismo y éxito a las que las mujeres son cada vez más proclives». En ese texto analicé las condiciones que debe cumplir un acto para alcanzar la categoría de terrorista y finalmente presenté algunos ejemplos de la vida cotidiana. Hoy me veo en la necesidad de retomar el tema, porque los terrorismos mantienen plena vigencia y son uno de los tantos obstáculos que interfieren en la adquisición de los requisitos personales para negociar.

Pero así como existen terrorismos —de los cuales analizaré dos ejemplos más adelante—, también

---

12. Clara Coria, *Los laberintos del éxito*, publicado en Pensódromo 21.

existen autoterrorismos. En varias oportunidades he llamado la atención sobre un fenómeno que parece inevitable y que se podría sintetizar en el refrán popular: «Tanto va el cántaro a la fuente que al final se rompe».

Haciendo un paralelo, podríamos decir que tanto escuchar las cosas que se dicen de las mujeres, estas terminan creyéndolas. Se trata de un fenómeno que se caracteriza por incorporar —y hacer propias— vivencias o ideas que otros hacen circular. En términos psicológicos, se trata de un mecanismo de introyección de las proyecciones ajenas. Durante siglos se escuchó decir a las voces consideradas «autorizadas» que las mujeres son «inconstantes», «frágiles», «poco racionales», etc. Ese supuesto «saber popular» ha sido recogido infinidad de veces por los distintos estamentos de la sociedad. A veces incluso por las expresiones de arte, de las cuales se tiende a creer que son menos prejuiciosas que el resto de las manifestaciones sociales. A nadie sorprende escuchar, por ejemplo, con cuánta convicción se afirma que «*la donna è mòbile, qual piuma al vento*». Y para nuestra sorpresa es posible comprobar que no son pocas las mujeres que terminan ratificando esas expresiones y que incluso las emplean para caracterizarse a sí mismas o a otras mujeres. Lo curioso es que muchas lo siguen sosteniendo, aun cuando hayan descubierto —en el dolor de la carne propia— con cuántas insistencias se habían aferrado tesoneramente a ciertos amores que hubieran merecido una mayor inconstancia.

La asimilación por parte de las propias mujeres de los

prejuicios de que son blanco convierte a los terrorismos en autoterrorismos. Se trata, concretamente, del fenómeno por el cual los terrorismos que toman como blanco a las mujeres terminan siendo incorporados por dichas mujeres en su propia subjetividad y generan efectos tan atemorizantes e inhibitorios como los que producen los terrorismos exógenos. Lo impactante de los autoterrorismos es que se autopotencian, de igual modo que en las prácticas de lucha oriental la fuerza del enemigo es utilizada como motor de la propia reacción. La diferencia en este caso es que el «enemigo» encuentra un aliado en el propio «blanco» de su terrorismo y, de esta manera, se potencia la onda expansiva.

Algunos de los autoterrorismos más frecuentes de encontrar en boca de mujeres son, por ejemplo, expresiones que muchas repiten haciéndose eco de lo que otros dicen. Por ejemplo:

> Yo creo que si me pongo a negociar, ¡voy a patear el tablero y va a haber una catástrofe!

Esto suele ser el eco de lo que dicen algunos varones: «Cuidado con las mujeres, que cuando se aviven, nos van a pasar por encima»; o también: «¿Para qué querés ser independiente? ¡Mirá que te vas a quedar sola porque ningún hombre te va a aguantar!». Una mujer comentaba:

> Si una llegó a lo que llegó y a ser lo que es sin tener en claro tantas cosas… ¿te imaginás lo que seríamos capaces de hacer si nos esclarecemos?

Esto bien puede entenderse como un estímulo o como una especie de autointimidación. Los límites no siempre son claros, y una misma frase puede adoptar significados opuestos según los prejuicios que predominen o los temores que acechen. Pasaré a continuación a dejar constancia de dos terrorismos y a plantear un breve análisis de ellos.

a) «Busto... más o menos»

Transcribiré literalmente a continuación el texto aparecido en una revista de prestigio que circula en Buenos Aires con una edición de elevada tirada, en la que se comentó una situación protagonizada por el ministro del Interior señor Carlos Corach, y tres periodistas mujeres que lo entrevistaban.

> La semana pasada, en la Casa de Gobierno, tres periodistas mujeres aguardaban las declaraciones de Carlos Corach, ministro del Interior, en el Salón de los Bustos[13]. «Ministro, hace horas que lo estamos esperando en Bustos», le recriminaron cuando apareció. Corach mutó su rostro adusto por una pícara sonrisa, se dirigió a una de ellas —la más delgada—, la miró atentamente y disparó: «Busto... más o menos». Luego miró a la que estaba al lado y dijo: «Bueno, en su caso podría ser». El piropo sonrojó a las periodistas, que desde entonces lo prefieren con su habitual parquedad.[14]

La lectura de ese texto produce un fuerte impacto,

---

13. Es uno de los salones de la Casa de Gobierno así llamada porque allí están los bustos de todos los presidentes argentinos.
14. *Noticias,* 8/1/96, pág. 37.

que no es precisamente a causa del ingenio desplegado por el señor ministro. Cualquier persona acostumbrada a reflexionar no puede dejar de formularse algunas preguntas en el intento de comprender el sentido profundo de las palabras emitidas por la autoridad. Algunas de esas preguntas podrían ser:

- ¿Cómo podemos calificar esta observación que un señor ministro en ejercicio de su cargo —y por ende, en posesión de toda la autoridad que emana de este— expresó fuera de todo contexto?

- La referencia fuera de contexto a una parte anatómica inequívocamente relacionada con la sexualidad, ¿no es una forma sofisticada de acoso sexual, teniendo en cuenta que quien hace la referencia es una persona en ejercicio de su autoridad?

- ¿A qué se refirió con que «podría ser»?

- ¿Por qué las tetas de las mujeres —a las que también se las denomina con el nombre menos corriente de «busto»— pueden ser tomadas por un hombre como centro de broma en una situación oficial? ¿No sería un abuso de autoridad que, por ejemplo, una mujer (ministra en ejercicio) hiciera bromas respecto del tamaño del pene de los periodistas varones que la entrevistaran? ¿Cómo se sentirían ellos?

- ¿Qué derecho se arroga un varón —que no es cualquier varón desconocido— para emitir opiniones que nadie le pidió sobre las tetas de las mujeres? ¿Acaso las mujeres no tienen el derecho de tener las tetas que la naturaleza les prodigó? ¿O deberían avergonzarse por no tener las tetas que le gustarían al ministro?

- ¿Por qué un medio de comunicación respetable se limita a dejar constancia del hecho sin ninguna opinión al respecto? ¿Significa que avala ese comportamiento o que teme expresar un desacuerdo?

Resulta muy evidente que este comentario ministerial cumple con todos los requisitos del terrorismo psicológico: es inesperado; está fuera de contexto; produce estupor; conlleva una carga de violencia encubierta en la dinámica del chiste; tiene pasaporte de impunidad a causa de la investidura ministerial; genera impotencia por lo imprevisto y por la situación de inferioridad ante un superior con poder; se trata de un comentario agresivo que reemplaza con palabras la carga destructiva de un explosivo cualquiera. Las consecuencias son, sin ninguna duda, las que su protagonista espera producir: desconcierto, confusión, dolor e impotencia.

Considero que es muy importante tomar conciencia de que los terrorismos existen, y que son mucho más devastadores cuando provienen de la autoridad en ejercicio, porque se convierten en modelos «autorizados».

Por lo tanto, es imprescindible aprender a conocerlos e identificarlos para poder defenderse de ellos.

b) «¡Qué mujer materialista!»

Una mujer que participaba de los talleres sobre negociación que yo coordinaba comentó que luego de una entusiasta explicación acerca de los temas tratados en el grupo, el amigo que la escuchaba dejó caer esta aseveración:

Seguramente tu interés por la negociación debe tener que ver con tu forma de ser materialista.

Este comentario no proviene de una autoridad, como en el ejemplo anterior, sino de una persona afectivamente significativa. Su influencia no surge del poder manifiesto que emana de un superior sino de la importancia que le atribuye quien escucha. Sabemos que los comentarios o afirmaciones emitidos por alguien a quien se ama o se respeta no resultan indiferentes.

En este caso podríamos decir que la expresión en sí misma no es terrorista. Lo que la convierte en tal es la utilización que de ella se hace con plena conciencia de que el término «materialista» en ese contexto tiene una carga negativa y descalificadora. El adjetivo «materialista» asignado a una mujer tiene connotaciones que no constituyen lo que podría considerarse un halago. Aunque no se diga explícitamente, todos entienden que una mujer «materialista» significa una mujer «fría», «insensible», «interesada», «especuladora»; en síntesis, la esencia de lo indeseable.

Nadie aspira a ser indeseable. Los seres humanos

se pasan la vida buscando todo tipo de artificios que incrementen su atractivo. Desear y ser deseado suelen figurar entre los anhelos vitales que dan sentido a la vida, no solo entre las mujeres. El calificativo de «materialista» se convierte en un dardo terrorista porque proviene —justamente— de alguien en quien se ha depositado el anhelo de ser deseada y que se aprovecha de esa necesidad que tan bien conoce.

Hemos llegado al final de esta segunda parte del libro. Espero haber sido suficientemente explícita como para dejar en claro que la capacidad personal para abordar negociaciones incluye requisitos generales que toda persona —sea mujer o varón— necesita para estar en condiciones de llevarlas adelante.

Pero así como los requisitos son independientes del género, los obstáculos que he podido identificar, por el contrario, están directamente ligados a los condicionamientos del género. He puesto en relieve algunos de los obstáculos más significativos con que tropiezan a menudo muchas mujeres, pero dejé de incluir aquellos con los que seguramente también tropiezan muchos varones. Esto no significa que los varones estén exentos de dificultades sino, simplemente, que las investigaciones que dieron origen a las conclusiones que aquí presento estuvieron focalizadas en la problemática femenina.

III

NEGOCIACIÓN Y GÉNERO

7. Las negociaciones con una misma

Iniciar este capítulo fue una tarea que puso a prueba mi paciencia[15].Repetidamente arrojé en el canasto de los papeles distintos textos que me había llevado mucho tiempo redactar porque los consideraba demasiado abstractos o excesivamente insulsos. Estaba a punto de excluir este tema del libro —dada mi dificultad para transmitir con coherencia teórica y sentido práctico lo que había descubierto en relación con las «negociaciones con una misma»— cuando vislumbré un camino transitable. Decidí volver sobre mis pasos hasta llegar a lo que había sido la idea original con la que comencé a pensar este punto. Esa idea surgió

---

15. Un mes antes de entregar los originales de este libro a la editorial, el azar me llevó a enterarme de que no había sido la única en hablar de «las negociaciones con una misma» y de los «no negociables». El 8 de marzo, festejando el Día Internacional de la Mujer, Zita Montes de Oca me comentó que junto con Monique Altschultz tenía un libro en preparación que también hacía referencia a esos temas, si bien desde una perspectiva un poco diferente. Eso me llevó a pensar que, felizmente, lo obvio está dejando de ser invisible.

de una imagen de apabullante presencia cotidiana: nuestro guardarropas.

Perchas más… perchas menos… casi todos los guardarropas se parecen

«No tengo qué ponerme», hemos dicho alguna vez —o muchas— casi todas las mujeres, abriendo un guardarropas cargado con perchas ocupadas, estantes atiborrados y cajones desbordantes. Todas las perchas están ocupadas y sin embargo… nada alcanza para cubrir nuestra desnudez. ¿Qué es lo que sucede? ¿Acaso somos insaciables —como nos suelen decir a menudo— o resulta que atesoramos prendas que por distintos motivos no podemos utilizar?

Cuando analizamos —desorientadas— lo aparentemente contradictorio de sentir que «no tenemos ropa» cuando ni siquiera hay una percha vacía, solemos poner en marcha, mentalmente, un inventario demasiado conocido: algunos vestidos ya no nos calzan; otros pertenecen a un estilo abandonado, sin embargo siguen firmes ocupando un sitial de privilegio… y hay motivos para ello. Algunos los retenemos porque los hemos amado mucho; otros, porque nos recuerdan a quien nos los regaló o el momento de felicidad del que fueron testigos. Están aquellos que nos evocan la silueta que aún no nos resignamos a olvidar y también los que guardamos para que lo usen nuestras hijas o se disfracen nuestras nietas. Se trata de un amplio espectro que pertenece al pasado o a una expectativa futura, pero que desviste el presente.

Esta imagen del guardarropas nos enfrenta con algo más que la vestimenta que guarda, pues lo inevitable de nuestro contacto de cada mañana pone en marcha actitudes que son reveladoras cuando nos entretenemos en analizarlas. Por otro lado, la intimidad que se establece entre nuestro cuerpo que necesita ser cubierto, nuestra personalidad que requiere ser satisfecha, la ocasión que nos demanda vestimenta apropiada y la ropa que espera por nosotras, genera un espacio virtual por el que circulan estados de ánimo y expectativas diversas. Describiré a continuación algunas escenas —de las muchas posibles— que suelen caracterizar esos momentos de decisión (¿decisión?) que, aunque breves, con frecuencia se eternizan.

a) Escena primera: «Tal vez ahora me guste más»

Con las puertas de nuestro guardarropas abiertas de par en par, una y otra vez revisamos las perchas que sostienen prendas que conocemos de memoria, buscando algo distinto que sabemos que no tenemos. Sin embargo, volvemos a repetir la operación. Insistimos en correr perchas hacia la derecha y hacia la izquierda hasta llegar a amontonarlas, como las personas cuando se empujan unas a otras en una multitud porque alguien las apura o algo las asusta. Con gesto impaciente insistimos ante nosotras mismas en buscar lo que no podemos encontrar, como si la repetición, por su mero acto mecánico, tuviera la propiedad mágica de hacer aparecer lo que necesitamos. Sin resignarnos ante la evidencia, somos capaces de detener la vista en una prenda y, en estado de suspensión, proyectarnos su imagen (con nosotras adentro) para decirnos por enésima vez: «Tal vez ahora me guste más… tal vez me quede mejor de lo que siempre creí… porque la prenda en sí misma es linda… yo misma la elegí cuando la compré».

Hasta es posible que nos probemos —una vez más— para luego ratificar lo que siempre supimos: «Si yo sabía que no me gustaba cómo me queda… ¿por qué insisto? ¿Por qué la sigo guardando? ¿Por qué me la vuelvo a probar?»

Son las preguntas clave que surgen automáticamente sin intención de recibir respuestas. Quedan suspendidas en alguna dimensión de la conciencia, tal vez porque la respuesta excede en mucho el interés indumentario. Responder a esas preguntas sobre la ropa probablemente nos remitiría a contestar también muchas otras sobre la vida. Tal vez nos haría pensar en cuales son las negociaciones que tendríamos que hacer con nosotras mismas para dejar de insistir, esperando encontrar satisfacciones que no se hallan donde las buscamos.

b) Escena segunda: «Falta espacio y sobran bultos»

A veces sucede que el abordaje del guardarropas se produce con la actitud decidida de quien ya sabe cómo vestirse porque lo resolvió, por ejemplo, mientras estaba bajo la ducha matinal. Al tomar con decisión la prenda elegida descubrimos que —una vez más— se arrugó bajo la presión de aquellas otras que nunca usamos. Nos prometemos, entonces, sanear esta situación «insostenible» y volvemos a cerrar la puerta para que deje de estar sostenida por nuestra mirada.

«Ojos que no ven, corazón que no siente», dice el viejo refrán y, obediente al mismo, cerramos las puertas del guardarropas para que nuestros ojos no se irriten y nuestro corazón no sangre. No podemos dejar de pensar que el guardarropas siempre está mucho más cargado de lo que sería conveniente, y con cierta sensación de asfixia comprobamos —una vez más— que nos falta espacio y nos sobran bultos. Recordamos, vagamente, que en muchas otras oportunidades nos habíamos prometido «hacer limpieza» y desprendernos de tanto «bulto inútil», pero esas promesas nunca pasaron del estado de intención y nuestro guardarropas continúa «pesado», sosteniendo cargas inútiles de la misma manera que, con frecuencia, en la vida sostenemos responsabilidades que ya no nos corresponden, o que nunca nos correspondieron. «Mucho apretujamiento y poca movilidad, nena», diría una de esas abuelas memoriosas y vitales con ojos llenos de picardía. Y probablemente esa voz haría eco dentro de nosotros evocando agobios que nos quitan liviandad. ¿Cuáles serían las negociaciones que necesitaríamos hacer con nosotras mismas para transitar por la vida con el espíritu más liviano?

c) Escena tercera: «Prisioneras de la buena imagen»

En ocasiones, visitando a alguna amiga pudimos observar con cuánta reticencia abría su guardarropas y se disculpaba con énfasis por el «desorden» que había en él.

Sabíamos que su resistencia a dejar al descubierto

el interior de su guardarropas no se debía al deseo de preservar su intimidad sino más bien a la incomodidad que le producía mostrar una «desprolijidad» que daría de ella una imagen «inapropiada».

Cuando nos ponemos a pensar en la incomodidad de nuestra amiga llegamos a descubrir, por ejemplo, que la desprolijidad no le molestaría tanto si no fuera que los «otros» la toman como expresión de «mala imagen». Muchas veces hemos comprobado que las personas que no toleran en sí la desprolijidad suelen tener siempre su guardarropas ordenado; por lo tanto, la disculpa de quienes lo tienen desordenado hace resaltar una falta de coincidencia entre lo que la persona necesita para ella misma y lo que cree necesario mostrar a otros.

Prisioneras de la «buena imagen», muchas mujeres gastan energías en disimular sus «desprolijidades», ya sea disculpándose por los estantes desordenados o haciendo rodeos para evitar abrir el guardarropas en presencia de otros. Cuando —simbólicamente— trasladamos estos comportamientos a la vida cotidiana, solemos toparnos con actitudes equivalentes. Una mujer comentaba:

> Estoy harta de circular por la vida con la sonrisa estampada... pero resulta que los demás están tan acostumbrados a verme siempre tan «prolija» que creen que estoy enferma cuando dejo de sonreír.

La misma mujer agregaba:

> En mi casa hay un sillón que yo nunca uso porque

siempre estoy haciendo algo. Los otros días decidí sentarme y todos me preguntaron qué me pasaba. Sorprendida ante la pregunta, me puse a pensar y me di cuenta de que dejaba de sentarme para no perder la imagen de eficiencia en la que yo misma apoyé parte de mi identidad durante muchos años.

Podemos aventurar que, si realmente esta mujer desea generar cambios en su comportamiento deberá animarse a enfrentar una negociación consigo misma. Seguramente se verá obligada a sostener arduas tratativas entre las distintas imágenes que circulan en su interior y que se resisten a ser marginadas. No podemos dejar de preguntarnos: ¿cuál será la imagen de sí misma por la que finalmente se decidirá: la de usar el sillón para sentarse cuando quiera o la que hace ostentación de que «nunca se sienta»?

Las perchas vacías son proyectos potenciales

La riqueza de imágenes que produce el paralelo entre el guardarropas y la vida me estimula a seguir utilizándolo para adentrarme en este complejo tema de las «negociaciones con una misma».

El guardarropas, como la vida, es un espacio finito y la sola intención de pretender «poner orden» en él obliga a negociar con una misma porque —inevitablemente— se impone la necesidad de «hacer espacios» y para ello *concretar desprendimientos*.

Liberar perchas, desocupar estantes y vaciar cajones es una tarea de desprendimiento, simple en apariencia pero profundamente compleja, porque toda persona tiene motivos valederos para retener lo que guarda y, al mismo tiempo, para querer desprenderse de aquello que retiene. Se entabla una lucha entre distintas necesidades de una misma persona. De no mediar una negociación consciente, la lucha suele perpetuarse con escaramuzas que alternan «arranques de limpieza» con actitudes de conservación. Estas escaramuzas solo alivian temporariamente la conciencia, pero no resuelven la situación y, a veces, hasta la empeoran. Con frecuencia llegamos a lamentar habernos desprendido de algunas prendas de la misma manera que nos reprochamos seguir guardando otras. Se impone una negociación, pero negociar no es fácil y mucho menos con una misma, para llegar a tomar una decisión y contar con el «consentimiento interno» para sostenerla.

Cuando nos animamos a negociar y finalmente logramos hacer espacio desprendiéndonos de aquellas prendas que no cubren nuestras necesidades presentes, surgen ante nuestros ojos las siluetas descarnadas de las perchas vacías. Ellas gritan ausencia y reclaman lo que les falta. Resulta de una evidencia aplastante que hay necesidades que no están cubiertas. La evidencia de lo que nos falta se convierte en el estímulo para buscar lo que necesitamos. En otras palabras: las perchas vacías nos brindan un gran servicio porque nos dan la oportunidad de lanzarnos en pos de lo que necesitamos. Es desde esta perspectiva que podemos decir que *las perchas vacías se convierten en proyectos potenciales.*

También en el guardarropas se van acumulando

experiencias, recuerdos, vínculos y roles hasta llegar a dimensiones inmensurables. El paso del tiempo agrava esta acumulación porque hace que las cosas pierdan vigencia. Por eso en determinados momentos de la vida resulta imperioso negociar con una misma para poder desprenderse de aquello que —de seguir arrastrando— puede llegar a convertirse en un lastre.

No pocas personas han presenciado ese momento clave en la vida de los hijos, cuando toman la decisión de desprenderse de su cajón de juguetes porque lo sienten como una carga que entorpece su pasaje a la adolescencia. Los juguetes, compañeros y testigos de la infancia, han sido profundamente amados, y el hecho de desprenderse de ellos no pone en cuestionamiento ese amor. Lo único que se cuestiona es seguir sosteniendo algo que perdió vigencia. La negociación que hacen las niñas y los niños consigo mismos cuando renuncian a sus juguetes consiste en aceptar desprenderse de su dimensión corpórea para retenerlos en el recuerdo. Es lo que en términos psicológicos podemos conceptualizar como «elaboración del duelo». El duelo es en la vida de los humanos lo que las avenidas en las grandes ciudades. Es imprescindible atravesarlas para tomar posesión de la ciudad en toda su extensión. Algunas personas, por temor a cruzar las avenidas, quedan confinadas a un solo barrio.

Son infinitos los ejemplos que en la vida cotidiana de mujeres y varones dan cuenta de los desprendimientos, logrados o malogrados. Una mujer comentaba que al poner orden en su guardarropas se encontró con el vestido que 30 años atrás había usado en su primera boda:

Yo tengo guardado mi traje de novia y no lo puedo tirar. En realidad no sé por qué lo guardo y tampoco sé de qué tendría que desprenderme. Pensándolo bien, creo que de lo que tendría que desprenderme es de la situación de conyugalidad, entretejida en cada rayita del piqué[16].

a) «Negociar el hoy»

Una mujer que había realizado una exitosa trayectoria laboral, desarrollando una actividad que regocijaba su espíritu y estimulaba su intelecto, debía enfrentar la alternativa de jubilarse. Dado el tipo de actividad a la que se había dedicado, la jubilación no significaba un «pase a retiro». La experiencia y los conocimientos acumulados la convertían en una persona valiosa y requerible para desempeñarse en otros ámbitos, donde la edad no era un obstáculo. Es decir que, dada la configuración particular de la actividad profesional, el hecho de jubilarse no la enfrentaba con el conflicto tan frecuente de quedar marginada y/o excluida de los ambientes productivos. Hasta podríamos decir que era todo lo contrario, porque la jubilación le permitía «liberarse» de horarios y compromisos que reducían su capacidad de trabajo. La jubilación le abría otras posibilidades, la conectaba con otros círculos y le ofrecía un horizonte abierto hacia otras latitudes. Claro está que eso era posible siempre y cuando ella fuera capaz de desprenderse de algunos de los rituales

---

16. El piqué es un tipo de tela, realizado habitualmente con fibras de algodón, que fue muy utilizado en la confección de los vestidos femeninos durante las décadas del cincuenta y sesenta.

conocidos y de no pocas imágenes de sí misma sostenidas con gran tesón y mucho entusiasmo.

«Objetivamente» hablando, a esta mujer le convenía —y ella lo sabía— ponerse en movimiento para negociar de la manera más conveniente posible una ubicación satisfactoria en los nuevos horizontes que se le abrían. Pero la posibilidad de negociar en el «afuera» estaba totalmente supeditada a su coraje para negociar consigo misma los *desprendimientos* a los que se veía obligada para acceder a lo nuevo.

Acceder a lo nuevo la obligaba a enfrentar una *negociación por el «hoy»*, y ello requería estar dispuesta a encarar ciertos costos. En este caso, por ejemplo, negociar el «hoy» era aceptar desprenderse de un pasado conocido y querido para dejar espacio disponible a un futuro desconocido, tal vez inquietante pero sin duda también excitante. Era desprenderse de una cantidad de rituales ya naturalizados por la repetición y el uso, como también desprenderse de esa especie de tibieza tranquilizadora que brindaba lo que es totalmente previsible. Era dar por cerrado un capítulo más de la vida y dar vuelta la página de textos entrañables. Era desprenderse de una imagen (o varias) de sí misma que ya no redituaba la energía invertida en ella, como por ejemplo la imagen de «estar a disponibilidad» que va adosada al rol de «cuidadora».

Todos y cada uno de estos desprendimientos dejan un espacio vacío, condición necesaria para poner en marcha el motor de la búsqueda. Todos sabemos que lo desconocido inquieta, pero también que es uno de los condimentos determinantes de la excitación y —a mi juicio— es la mejor embajadora de la juventud. Por eso me animaría a afirmar (a riesgo de que muchas y muchos esbocen una sonrisa burlona y complaciente) que *negociar el «hoy» es negociar para retener la juventud.*

Cuando hablo de juventud no me refiero a la edad cronológica, que es muy vulnerable al paso del tiempo (igual que la tersura de la piel), sino a esa juventud que no es patrimonio de una determinada edad biológica sino consecuencia del espíritu inquieto, de la disposición al cambio, del empecinamiento por entusiasmarse, de la insistencia en hacer proyectos y de la osadía para correr riesgos.

Negociar el «hoy» es revisar muchos de nuestros prejuicios. Por ejemplo, revisar la convicción de que lo «estable» garantiza la vida y, dentro de ella, la felicidad. Cuando se desenmascara la primera falacia —ya que no hay nada en la vida que garantice la felicidad— es posible empezar a descubrir que, a falta de garantías, no viene nada mal darse los gustos. Una mujer comentaba —entre sorprendida y azorada— que sus padres —que acababan de cumplir 49 años de matrimonio y cuya familia se preparaba para festejar sus «bodas de oro»— habían decidido separarse por iniciativa de la mujer. Lejos de estar deprimidos, cada uno de ellos parecía haber rejuvenecido ante el permiso que se habían dado para no seguir viviendo juntos. Quienes estaban totalmente desorientados eran los hijos que pensaban: «Para el tiempo que les queda, ¿para qué cambiar?» Lo curioso es que el argumento de los padres era justamente el opuesto:

«Porque tengo menos tiempo que antes, mejor que me dé el gusto ahora».

Si coinciden conmigo en pensar que el espíritu de juventud reside en la capacidad para aceptar o promover cambios —y montándose en ellos, cabalgar nuevos proyectos— debemos reconocer que los miembros de esta pareja, de por lo menos 75 años, eran muy jóvenes. En lo que se relaciona con nuestro tema, seguramente podemos afirmar —sin mucho margen de error— que la decisión tomada por ellos fue resultado de arduas negociaciones de cada uno consigo mismo. También podríamos afirmar que la decisión estuvo al servicio de negociar el «hoy» porque lo que para muchas otras personas podía ser un «futuro ya jugado», para ellos representaba un presente que no estaban dispuestos a desperdiciar.

b) «Langostinos para las visitas»
Una mujer contó la siguiente anécdota:

A mi marido un cliente le regaló para fin de año una caja con tres kilos de langostinos chilenos. Eran estupendos y fueron muy bien recibidos, porque tanto a él como a mí los langostinos nos fascinan. Prestamente mi marido dijo: «Podríamos probarlos», a lo cual me negué rotundamente, aduciendo que los íbamos a guardar para alguna ocasión especial en la que tuviéramos invitados para agasajarlos. Decidí ponerlos en el freezer. Él insistió argumentando que para esa ocasión especial seríamos muchos para comer y no alcanzaríamos a disfrutarlos. Pero yo me mantuve firme y, haciendo uso de mi poder sobre la cocina, cerré el freezer... y también el diálogo.

Ese año hubo muchos cortes de luz en Buenos Aires. Cuando volvimos de las vacaciones mi marido me preguntó si los langostinos tenían fecha de vencimiento. El corazón me dio un vuelco y me dije. «Si se vencieron me muero». Inmediatamente controlé la fecha de vencimiento y comprobé que no estaban vencidos, pero igual tuve que tirarlos porque se habían podrido a causa de los cortes de luz. Eso me afectó por varios motivos. Además de perder semejante manjar, la experiencia me dejó marcada. Fue muy evidente para mí que dejaba para otros el disfrute de privilegios de los que yo me privaba.

Este ejemplo —como los anteriores— permite múltiples lecturas. La que voy a elegir, debido a su pertinencia con nuestro tema de la negociación con una misma, es la que hace hincapié en ceder privilegios y postergar disfrutes.

La postergación del disfrute de los langostinos evoca muchas otras que a menudo no son registradas como tales. Una cantidad no poco considerable de esas postergaciones remite a deseos que son considerados «impropios» y, por lo tanto, marginados. Una mujer comentaba:

Con frecuencia ocultamos maneras de pensar y de sentir. Al ocultarlas no nos queda otro remedio que vivirlas clandestinamente. Es una forma de traicionarse a sí misma.

Otra mujer decía:

> A los 10 años me hacían apagar la luz para que dejara de leer y me durmiera. Pero yo lo seguía haciendo con una linterna debajo de las mantas. Tenía que ocultar lo que más deseaba. Me he pasado la mitad de mi vida dejando en un lugar de clandestinidad lo que más deseaba.

Resulta evidente que, en esto de las postergaciones, una de las negociaciones difíciles de hacer con una misma es la de *legitimar el disfrute*. Es decir, sacar de la clandestinidad los pensamientos, los sentimientos y los anhelos, que son los que nos representan más fielmente.

Hay ciertas imágenes que forman parte del repertorio tradicional femenino y que han sido incorporadas a la subjetividad y adheridas a la identidad, y desde allí determinan actitudes y hasta sentimientos. Una de esas imágenes es la del «sacrificio».

La *imagen del sacrificio* ha sido muy promocionada, sobre todo en lo que se refiere a postergar desarrollos personales en aras de cuidar y proteger a los otros. Se trata de una imagen que ha contado con un fuerte aval social. No pocas veces el sacrificio femenino fue elevado al rango de heroísmo. Todavía hoy —en una década tan lejana de la Segunda Guerra Mundial, que fue un hito en cuanto a cambios sociales— es posible leer noticias como la siguiente:

> La Iglesia católica apoya fervientemente y felicita a una mujer que decidió llevar adelante un embarazo que irremediablemente le costará la vida a poco de alumbrar.

En esta sociedad patriarcal, el sacrificio está sexuado —además de «claseado»— y tiene pasaporte femenino. Pero no todos los sacrificios son tan concretos y extremos (sobre todo porque el sistema no puede eliminar a todas las mujeres, a las que necesita como mano de obra disponible para la producción de sujetos). Hay versiones más sofisticadas del sacrificio que son las que generalmente promueven las sociedades que se llaman a sí mismas «civilizadas». Me refiero al mandato social que promueve la dedicación exclusiva de las mujeres a sus hijos.

Pero esta dedicación exclusiva resulta insalubre para los hijos. Entre otras cosas porque en su proceso temprano de maduración afectiva quedan limitados (para no decir encerrados) a los estímulos que provienen exclusivamente de la madre, lo que los priva de los que podrían recibir del padre, si estos no fueran marginados por las costumbres patriarcales. Es bien sabido que ni las madres ni los padres son garantía de salud para los hijos; por ello cualquier tipo de exclusividad no hace más que aumentar los riesgos del infante.

La dedicación exclusiva también resulta perjudicial para las mujeres, porque promueve en ellas ilusiones engañosas que a menudo ponen en marcha expectativas frustrantes que deterioran su autoestima. Me refiero a la ilusión de creer que esa dedicación será recompensada con creces —sin ninguna duda— con la compañía de los hijos cuando ella quede «vacante» en la tarea de «madrear». Se trata de una promesa imposible de garantizar, sobre todo porque cuenta con que la hagan efectiva los hijos que no fueron consultados a tal efecto. Una mujer comentaba en tono de broma:

> Cada tanto les recuerdo a mis hijos que ellos me tienen que cuidar cuando sea vieja. Y me contestan que en lugar de mandarme a un geriátrico feo me mandarán a uno bueno. Y lo peor es que creo que me lo dicen en serio, y ni siquiera me lo garantizan desde ahora.

Muchas mujeres que adhirieron a esta propuesta de dedicar veinte años de su vida joven a la tarea maternal —ejercida de forma exclusiva— esperan que los hijos crezcan, para entonces comenzar a hacer otras cosas. Parecieran creer que el tiempo transcurre solo para los hijos y que, al cabo de los años, cuando ellos «levanten vuelo», podrán retomar el punto de partida tal como lo dejaron veinte años atrás. Una mujer sintetizaba así sus reflexiones al respecto:

> Es necesario desprenderse de la idea de que una empieza a vivir cuando los hijos crecen y se van. El rédito más importante es vivir con libertad sin tener que esperar ni necesitar que los hijos se vayan.

Negociar con una misma el disfrute implica —entre muchas otras cosas— desprenderse del «sacrificio» con el que muchas mujeres esperan hacerse un lugar en un imaginado «cuadro de honor». Pero ello no resulta tan fácil, porque no todas están dispuestas a pagar los costos de tal renunciamiento. Renunciar al «cuadro de honor» también es renunciar a una expectativa muy atractiva y halagadora: la de creer que «una es todo para los otros» y que, por lo tanto, «sin el sacrificio propio, los otros perecen». es algo así como una versión «maternal» de la omnipotencia divina. En otras palabras, postergar el disfrute en aras de responder a una imagen idealizada del sacrificio es una forma «civilizada» de mutilación. Es como ponerse en el *freezer* para una mejor ocasión… que tal vez no llegue a presentarse porque algún «corte de luz» puede estropear las expectativas mejor planificadas.

Las negociaciones con una misma se ubican en el lugar de los costos

El tema de los *costos* es tal vez el punto clave para entender el meollo de las negociaciones con una misma y, a la vez, es el punto de apoyo para resolverlas en la práctica.

En repetidas oportunidades sostuve que absolutamente todo en la vida tiene su costo. Tomar una decisión implica, por ejemplo, correr el riesgo de equivocarnos, pero dejar que otros la tomen por nosotras implica correr el riesgo de vernos involucradas en algo que no hubiéramos deseado. Cada uno de esos riesgos tiene un costo, y la conveniencia de elegir uno u otro dependerá en gran medida de la valoración que de ellos hagamos.

Este tema de los riesgos y los costos resulta bastante escurridizo, porque su valoración es muy subjetiva. Lo que para unos puede ser un riesgo que no están dispuestos a correr porque consideran que su costo es excesivo, para otros puede resultar la única alternativa saludable que justifica su costo. El caso de la pareja que se separó después de 49 años de matrimonio es un ejemplo capaz de despertar tanto adhesiones como rechazos, prueba evidente de la distinta valoración que las personas pueden hacer de las mismas situaciones respecto de riesgos y costos. Lo que resulta esclarecedor, pensando en dicho ejemplo, es que cada uno de los protagonistas debió de haber llegado a la conclusión de que era mayor el costo de continuar una convivencia no deseada que de simplemente negarse a vivir de manera distinta el tiempo que aún tenían por delante. La negociación con ellos mismos consistió en elegir lo que para cada uno de ellos resultaba ser menos oneroso, luego de sopesar —seguramente durante mucho tiempo— las conveniencias e inconveniencias de una y otra situación. Es desde esta perspectiva que sostengo que:

La negociación con una misma se instala en el lugar de los costos.

Ahora bien, si el resultado de la negociación con una misma depende en gran medida de esta evaluación, resulta más que evidente que —como dijo una empresaria— «con los costos se puede hacer cualquier cosa, menos negarlos». Negarlos genera una situación de gran vulnerabilidad, porque es como caminar por una cornisa con los ojos cerrados. Negarlos suele ser una manera de poner distancia con la realidad, lo cual genera no pocos problemas y muchos tropiezos.

Pero no siempre la negación de los costos corresponde a un alejamiento de la realidad. A veces sucede que algunas personas interpretan mal los costos y los consideran como un «aporte» con el que sostienen ciertas imágenes de sí mismas. Una mujer comentaba:

Yo debo haber estado acostumbrada a pagar los costos desde la imagen de la «macanuda». Era la que siempre favorecía a otros y debo haber creído que eso era mi fuerte. No podía tolerar perder «imagen de bondad». Nunca reclamaba reciprocidad y me la pasé dando «créditos» a los demás. Supongo que en el fondo esperaba recibir algún día una fortuna por los «créditos» supuestamente acumulados a mi favor. Con el paso del tiempo, las «facturas» solo me sirvieron para envolverme.

Resulta evidente, en el comentario de esta mujer, que ella elegía privilegiar su imagen de bondadosa y «macanuda», como decimos en Argentina. Eso definía el criterio con el que evaluaba los «costos» de sostener semejante imagen y, al mismo tiempo, orientaba las negociaciones consigo misma siempre en la misma dirección. Le llevó mucho tiempo revisar la validez de sus expectativas y descubrir que los vínculos humanos se alimentan de reciprocidad, es decir de un «ida y vuelta» que debe concretarse en el presente. La idea de cosechar en un futuro lejano lo que sembraba tesoneramente parece ser una derivación de la promesa religiosa que sostiene que «los últimos serán los primeros».

El tema de los costos —decía anteriormente— es

un punto clave para entender lo medular de las negociaciones con una misma y afirmaba, también, que era el *punto de apoyo* para intentar resolver en la práctica concreta dichas negociaciones. ¿En qué consiste dicho apoyo?

La negociación con una misma se concreta cuando finalmente la persona puede elegir la alternativa que creyó más conveniente entre las posibilidades que se le ofrecían y las tentaciones que la atraían. Como, en general, las elecciones no son fáciles (y las que lo son, casi no son elecciones), el análisis racional de los costos —y su evaluación objetiva— permite obtener argumentos que contribuyen a esclarecer confusiones y brindar orientaciones.

Cuando enfrentamos los costos, automáticamente suelen desprenderse muchos de los velos que tejen nuestras creencias ilusorias. Tal vez podríamos decir que elegir es como usar una espada que hiere el anhelo ilusorio de que «todo es posible». El trámite de elegir es lo que permite concretar las negociaciones con una misma. Por eso la inclusión y la evaluación de los *costos* se convierten en un punto de apoyo insoslayable para resolver en la práctica concreta las negociaciones con una misma.

En síntesis, podríamos concretar una definición diciendo que las negociaciones con una misma son las tratativas que se plantea una misma persona con anhelos enfrentados. La clave de dichas negociaciones reside en ser capaz de llegar a *concretar desprendimientos*. Estos desprendimientos requieren de una *decisión consciente,* producto de evaluar los costos de cada una de las alternativas posibles, para elegir —finalmente— *la menos onerosa.*

Las negociaciones con una misma son el punto de partida de toda otra negociación. Es lo primero que necesitamos abordar y lo último que por lo general hacemos. Probablemente esto se deba, entre muchas otras cosas, al encubrimiento intencional de los *costos* por parte de una sociedad que se resiste a perder las formas de servidumbre que aún persisten bajo disfraces culturales. Mirar los *costos* de frente no es destruir ilusiones sino abrir las puertas a un futuro previsible —y viable—, de la misma manera que contemplar perchas vacías es estimular búsquedas en pos de cubrir necesidades insatisfechas. Las negociaciones con uno mismo son una constante insoslayable en la vida de los seres humanos, por ello su delegación es una forma de contribuir a perpetuar las discriminaciones.

8. Negociación y género

La incorporación de la palabra «género» en el vocabulario de las ciencias sociales ha sido uno de los hitos que marcan un avance en el intento de romper los estereotipos tradicionales que, sustentados en la biología, adscribían a las personas características «naturales». Estas características se convertían en «esenciales» y marcaban la diferencia entre mujeres y varones. Esta supuesta esencia «natural» terminaba siendo la responsable del destino social de unas y otros. En lo que a las mujeres respecta, sellaba su destino subordinado dentro de la estructura social. La palabra «género» sale al cruce de lo que muchos siglos antes afirmaba Aristóteles respecto de que «las mujeres son inferiores por naturaleza». No es el objetivo de este capítulo desarrollar este concepto, que ha sido ampliamente tratado y figura en todas las bibliografías feministas y antidiscriminatorias, sino establecer un punto de partida unívoco.

Al respecto, conviene señalar que si bien su utilización en las ciencias sociales tuvo al comienzo un fuerte estímulo en las luchas contra la discriminación femenina, la palabra «género» no se reduce a marcar las determinaciones sociales que atañen solo a las mujeres, porque engloba tanto a estas como a los varones. Con el paso del tiempo —y con los avances del pensamiento en el tema del género— se ha comenzado, afortunadamente, a revisar y cuestionar muchas de las características que también fueron asignadas «por naturaleza» a los varones, las cuales terminan atrapándolos y cristalizándolos, como a las mujeres. La condición masculina también empieza a ser cuestionada por aquellos varones que se dan cuenta de que detentar privilegios los condena a vivir en una sociedad salvaje y antisolidaria.

Pensar desde el género es pensar desde una perspectiva liberadora tanto para las mujeres como para los varones. Es tomar partido por combatir los prejuicios que atentan contra la solidaridad. Porque como siempre digo —y no me canso de repetir—, lo que afecta a la mitad de la humanidad necesariamente afecta a la otra mitad. Las luchas por liberar a las mujeres de su marginación abren automáticamente los surcos para liberar a los varones de responsabilidades asfixiantes. Pero esa liberación —como todo en la vida— no es gratuita. El costo para ellos es restringir sus privilegios; por eso no todos están dispuestos a afrontarlo aun cuando el beneficio —que es vivir con mayor solidaridad— sea incalculable.

La liberación mutua trae como consecuencia un

reparto más equitativo del poder, que no todo el mundo acepta. Y esto es uno de los motivos por los cuales, con frecuencia, la perspectiva de género puede despertar profundas resistencias, tanto en varones como en mujeres. El elitismo —que suele ir de la mano del autoritarismo— no es patrimonio de un género; por eso no faltan mujeres que se oponen a la «liberación femenina» identificándose con aquellos varones que la consideran un «engendro de la naturaleza». Unos y otros transitan la misma orilla ética de la vida porque lo que los une es una adhesión a posturas discriminatorias. (No puedo dejar de evocar unos hermosos versos de Borges: «No nos une el amor sino el espanto / será por eso que la quiero tanto».)

Este libro sobre las «negociaciones nuestras de cada día» ha sido pensado y escrito desde el concepto de género. Es decir, desde una concepción teórica y ética que coloca la discriminación —en particular la que sufren las mujeres— en el foco de los análisis que aquí se realizan. Todos los ejemplos y todas las reflexiones tienen una dirección común, que consiste en desenmascarar las servidumbres encubiertas en las concepciones tradicionales de «mujer». El análisis de género está presente como trasfondo de todos los temas elegidos, pero ello no significa que estén explicitadas todas las relaciones concretas entre negociación y género.

En este capítulo me propongo ofrecer una sistematización que permita conceptualizar estos temas. No se trata de una sistematización en el sentido tradicional de «ordenar todo lo escrito» y repetir lo dicho agrupado por ítems. Si bien esta técnica puede ser ordenadora, en este contexto resultaría un tanto aburrida porque no agregaría nada nuevo. Mi propuesta es organizarla alrededor de las tres hipótesis presentadas en la introducción, con la intención de que sirvan de eje de todo lo expresado en los capítulos precedentes. Paso a recordarlas textualmente:

Hipótesis primera:
Las diversas formas de inhibición, que llevan a muchas mujeres a ceder (con un sentido aplacatorio) para evitar negociar, así como también a experimentar malestares significativos cuando están negociando, *son síntomas que evidencian la existencia de conflictos.*

Hipótesis segunda:
Muchas de estas dificultades no son patrimonio exclusivo de las mujeres pero las afectan mayoritariamente, porque *el aprendizaje del género femenino presenta condicionamientos* que determinan en las mujeres mayor vulnerabilidad y menores recursos para enfrentarlos.

Hipótesis tercera:
Altruismo no es sinónimo de solidaridad. Sin embargo, se perpetúa una identificación incongruente entre ambos conceptos. Dicha identificación se convierte, para muchas mujeres, en un obstáculo que inhibe en ellas las actitudes negociadoras.

Las inhibiciones son síntomas

Plantear que muchas de las inhibiciones que presentan las mujeres a la hora de negociar son síntomas es dejar de considerarlas como las meras dificultades producidas por falta de inteligencia o capacitación. Un síntoma, en el orden psicológico, es siempre expresión de un conflicto, una transacción poco satisfactoria entre fuerzas opuestas. Un *lapsus*, por ejemplo, es un síntoma que contiene en sí mismo la necesidad de encubrir algo y el deseo de expresarlo. Podríamos decir que es el resultado de una negociación que se quedó «a mitad de camino».

En lo que respecta al tema negociación y género (femenino) podemos afirmar que uno de los síntomas más evidentes es la dificultad que presentan ciertas mujeres para defender sus intereses personales cuando han dado pruebas de ser negociadoras brillantes para defender intereses ajenos. Una mujer comentaba:

> Soy una leona para defender los intereses de otros y una liebre asustadiza cuando tengo que defender los propios.

En este comentario resulta evidente la incongruencia de ambas actitudes en una misma persona, y que no es producto de una simple dificultad sino el resultado de un conflicto interno que se expresa de esa manera: en otras palabras, es un síntoma. Cuando una mujer es capaz de negociar para otros pero incapaz de hacerlo para sí misma queda en evidencia que sus dificultades para negociar no provienen de una «naturaleza femenina» supuestamente incompatible con las artes de la negociación, pues de ser así estaría incapacitada para negociar también para otros.

En casos como estos, el síntoma surge como resultado de una confrontación entre los deseos personales de negociar exitosamente los mandatos sociales que reclaman de las mujeres actitudes altruistas. El altruismo no es incompatible con la defensa de los intereses ajenos, pero sí lo es con la defensa de los propios. Ser capaz de negociar para otros pero no para sí misma es uno de los síntomas más elocuentes. Casi no necesitaría ser explicado; sin embargo, llama la atención con cuánta facilidad suele ser negado y a menudo hasta cuidadosamente justificado.

Otro síntoma llamativo —un poco menos evidente pero igualmente impactante— es el *ceder aplacatorio* al que tantas mujeres recurren a la hora de negociar. En el capítulo introductorio planteé la diferencia entre ceder como estrategia de negociación y ceder como actitud aplacatoria para contentar al otro o evitar su disgusto. El temor a disgustar al otro —que encubre y contiene el temor al desamor, como hemos podido ver en capítulos anteriores— está condicionado socialmente y encuentra apoyo y alimento en la dependencia femenina.

Ninguno de estos síntomas es «natural», sino que todos son por completo «artificiales», es decir construidos socialmente, y generan inhibiciones que luego son utilizadas para «demostrar» la supuesta debilidad de la «naturaleza» femenina.

Tomar conciencia de que tanto el ceder aplacatorio como la dificultad para negociar intereses propios son síntomas contribuye a desnaturalizarlos. La desnaturalización abre perspectivas de cambio, porque las dificultades dejan de pertenecer al mundo inamovible de la naturaleza para ser interpretadas como productos sociales factibles de ser modificados. Los síntomas suelen desaparecer cuando se resuelve el conflicto que los origina. Al desnaturalizar las inhibiciones se favorece el aprendizaje de técnicas negociadoras porque se cuenta con el «permiso interno» para ponerlas en práctica.

El aprendizaje del género femenino genera vulnerabilidad y limita recursos

Los seres humanos nacemos hembras o machos y nos convertimos en mujeres o varones a medida que vamos incorporando en nuestra subjetividad los mandatos sociales que cada comunidad ha definido como «femenino» y «masculino». La hembra o el macho son productos de la biología, pero la mujer o el varón son productos exclusivamente sociales. De allí que lo «femenino» y lo «masculino» suelen presentar amplias diferencias en las distintas sociedades.

a) Dependencias

En las sociedades de espíritu patriarcal, la dependencia, por ejemplo, ha sido adscripta a lo «femenino» y, coherente con ello, se han desarrollado estrategias educativas tendientes a perpetuarla. Las más ostentosas en el nivel social son las dependencias económica, legal, política y cultural. No entraré en detalles, porque cada una de ellas es una disciplina en sí misma, pero sí voy a señalar muy escuetamente las consecuencias más contundentes que depara cada una. Quien depende económicamente pierde autonomía[17]. Quien depende legalmente no puede defender sus derechos. Quien depende políticamente debe resignar sus utopías. Quien depende culturalmente pierde sus tradiciones ancestrales.

La sumatoria de tantas pérdidas hace muy vulnerables a las personas. En pocas palabras, la consecuencia insoslayable de la dependencia es que genera vulnerablidad.

En las sociedades patriarcales, la dependencia es casi un sinónimo de «femenino». La «femenidad» concebida por el espíritu patriarcal hace de las mujeres objetos reproductores, personalidades dependientes con modalidades infantiles y súbditas adoradoras de modelos jerárquicos. En síntesis, el aprendizaje del género que se filtra por los intersticios de la trama social al amparo de mecanismos sutiles o burdos —como señala Foucault— condiciona a las hembras de la especie humana a perpetuar los poderes antisolidarios y discriminatorios de esas culturas.

Si se desea hacer un nuevo engarce a la luz de estas hipótesis, remito a los capítulos 5 y 6, donde analicé con lujo de detalles las consecuencias devastadoras que genera la dependencia en lo que respecta a la adquisición de recursos (tanto personales como materiales) para abordar negociaciones.

17. El tema de la autonomía económica y de su diferencia de la dependencia económica es un punto clave para comprender muchas de las dificultades que presentan las mujeres en sus prácticas con el dinero. Este tema lo he desarrollado ampliamente en mi libro *El dinero en la pareja: algunas desnudeces sobre el poder*, Barcelona, Pensódromo 21.

b) ¿Mujer = Madre?

Al plantear la segunda hipótesis decíamos que el aprendizaje del género femenino presenta condicionamientos que determinan en las mujeres mayores vulnerabilidades. Uno de los condicionamientos mejor orquestados tiene su origen en la identificación Mujer = Madre.

Este es uno de los baluartes mejor defendidos por las sociedades patriarcales y la piedra basal utilizada como punto ordenador fundamental para la construcción social del género mujer. Funciona como funcionaba el sol en las antiguas cosmogonías, es decir como centro y punto de referencia del universo total.

Se trata de un tema clave en lo que respecta al género; por ello sugiero a las personas interesadas en comprender a fondo las complejidades de la condición femenina que recurran a la bibliografía específica, que es muy extensa y de la cual he dejado constancia en mis libros anteriores. Pero como es posible que algunas lectoras o algunos lectores no hayan tenido la oportunidad de profundizarlo, haré una brevísima referencia, aprovechando para ello algunos conceptos que he analizado en otras oportunidades[18].

La identificación Mujer = Madre está sustentada por concepciones biologistas y esencialistas que confunden sexo con género. Esta confusión contribuye a perpetuar la creencia de que ser mujer es equivalente a ser una madre que responda al ideal maternal construido

---

18. De manera parcial —y modificada— estos conceptos fueron extraídos del capítulo 3 titulado «Amor y dinero: ¿altruismo material *versus* especulación varonil?», de mi libro *El sexo oculto del dinero: formas de la dependencia femenina,* Barcelona, Pensódromo 21.

sobre la base de tres características centrales: altruismo, incondicionalidad y abnegación. Esta identificación no es inocua y acarrea serias consecuencias que perturban y condicionan la incorporación de pautas del género femenino.

A partir de la identificación Mujer = Madre, los atributos adscriptos a la maternidad son transferidos a la mujer. De esta manera, actitudes tales como tolerancia extrema, renunciamiento y autopostergaciones (entre muchas otras) son consideradas como atributos de una «buena madre», y terminan por ser las expresiones más acabadas de la feminidad.

Concebir que una mujer es igual a una madre —pero solamente a una «buena madre»— implica, entre otras cosas, transformar la maternidad (y todos sus atributos) en lo «esencialmente femenino». Al sostener que la maternidad constituye la «esencia» de la feminidad, se la convierte automáticamente en el referente principal de la identidad de género. En otras palabras, «una mujer será considerada tanto más femenina —por los demás y por ella misma, según esta ideología— cuantos más atributos maternales caractericen su comportamiento».

Resulta obvio, en consecuencia, que uno de los mayores riesgos para la «feminidad» de una mujer es no responder a la imagen «maternal» que se espera de ella. Una mujer es proclive a entrar en conflicto con su imagen maternal cuando, por ejemplo, defiende un interés personal, cuando es capaz de ofrecer sus servicios a cambio de una retribución, cuando pretende requerir condiciones que resguarden sus conveniencias o cuando expresa abiertamente sus ambiciones. Estas actitudes resultan opuestas e incompatibles con los atributos que mejor representan la imagen de «buena madre». Son actitudes que se oponen al altruismo, la incondicionalidad y la abnegación.

Esta es una breve y esquemática referencia que tiene como único objetivo dejar planteado el tema para quienes no lo conozcan, a los efectos de poder establecer algunos de los nexos más significativos entre negociación y género.

c) Las cadenas asociativas

Las cadenas asociativas son una serie de ideas entrelazadas que, como eslabones, forman una cadena en la cual terminan identificándose entre sí. La identificación Mujer = Madre es un núcleo de producción de una cantidad significativa de cadenas asociativas que, puestas a circular, se han incorporado al imaginario social, contribuyendo a consolidar mitos que se convierten en serios obstáculos para negociar. Las cadenas asociativas —como veremos a continuación— colocan la negociación en la «vereda de enfrente» de lo que se considera «bueno» y «saludable» para una «buena feminidad». Estas cadenas asociativas ayudan a entender el origen de no pocos conflictos que surgen en muchas mujeres a la hora de negociar.

Primera cadena asociativa

Tal vez lo que podríamos considerar primera cadena asociativa es lo que identifica a la negociación con el comercio. El comercio, a su vez, está identificado con el ámbito público, con el dinero y con el intercambio de bienes materiales. Por carácter transitivo, la negociación termina absorbiendo todos los atributos asignados al ámbito público, el dinero y el intercambio de bienes materiales.

¿Cómo relacionar todo esto con el género femenino? Resulta evidente que las características que se atribuyen al género femenino son prácticamente opuestas a las que acompañan a la negociación. Desde una concepción tradicional —y patriarcal—, las mujeres han sido asignadas al ámbito doméstico y privado, asociadas a las prácticas «espirituales» más que «materiales» y alejadas del dinero, a excepción de la prostitución, que cae sobre las mujeres como un estigma haciéndolas responsables exclusivas del contrato prostituido cuando, en realidad, este es inviable sin el consentimiento de *todas* las partes involucradas. En la prostitución *todos* están prostituidos: quienes cobran y quienes pagan.

La cadena asociativa que identifica la negociación con el comercio automáticamente aparece como una contraindicación de la femenidad. Podríamos sintetizarlo con la siguiente fórmula:

Negociación = comercio = ámbito público = dinero = «materialismo».
Femenidad = ámbito privado y doméstico = «espiritualidad» = afectos.

Por lo tanto, la ecuación resultante sería:

Negociación = comercio... opuesto a la feminidad.

Segunda cadena asociativa

La segunda cadena asociativa es la que identifica a la negociación con todas las estrategias tendientes a lograr un objetivo que supone, necesariamente, defender los intereses personales para lograrlo. Ello implica precisar las condiciones con las cuales es posible «empezar a negociar». Quien plantea condiciones deja de ser incondicional, es decir, deja de estar siempre disponible cualesquiera que sean las pretensiones o exigencias planteadas por los otros.

La negociación no exige ni espera abnegación. Da por descontado que todos los que negocian tienen derecho a no renunciar a sus ambiciones, a no dejarse avasallar ni autopostergarse. La cadena asociativa que identifica la negociación con la defensa de los intereses personales, con la estipulación de condiciones y con el derecho a no renunciar a las propias necesidades y/o ambiciones contradice el ideal maternal sustentado en el altruismo, la incondicionalidad y la abnegación. Podríamos sintetizarlo con la siguiente fórmula:

Negociación = defensa de intereses personales = ambiciones = condicionamientos.
«Lo maternal» = altruismo, incondicionalidad y abnegación.

Por lo tanto la ecuación resultante sería:

Negociación = intereses... opuesto a lo «maternal».

Tercera cadena asociativa

La tercera cadena asociativa deriva de la segunda, y para su construcción fue necesario recurrir al silogismo siguiente, que permite hacer aparecer como cierto lo falso.

Negociar implica defender intereses personales.
Los *intereses personales* —cuando su protagonista es mujer— son sinónimo de egoísmo (que se traduce como falta de altruismo).

Por lo tanto, *negociar —para una mujer— es sinónimo de egoísmo.*

Vemos que la conclusión de este silogismo es falsa, porque entre la primera proposición y la tercera se instala una relación parcial y/o equívoca que queda encubierta. Este encubrimiento es posible porque se aplica el carácter transitivo, que permite establecer una relación directa entre lo primero y lo último.

Cuando hablábamos de la primera cadena asociativa, habíamos planteado que en ella se identificaba la negociación con el comercio. Esta identificación describía con toda simpleza el contexto en que se producían, originariamente, las tratativas del intercambio, cuando el único del que se tenía conciencia era el comercial. Pero cuando se identifica la negociación con el egoísmo (léase «falta de altruismo»), además de falsear la realidad se está incluyendo una valoración que contiene una profunda carga peyorativa. Es bien sabido que el egoísmo no figura entre las virtudes humanas y que, además, con respecto al comportamiento femenino adquiere connotaciones especialmente desagradables. Ser egoísta no es un halago para las mujeres que han internalizado las expectativas sociales que reclaman de ellas comportamientos altruistas. Si hiciéramos una supersíntesis de las tres cadenas asociativas, quedarían reducidas a lo siguiente:

Primera cadena: negociación opuesta a feminidad.
Segunda cadena: negociación opuesta a «lo maternal».
Tercera cadena: negociación igual a egoísmo

Son muchos los obstáculos que se le presentan a cualquier persona cuando toda la sociedad se conjura para poner en duda su identidad sexual y cuestionar los valores en los que apoya sus comportamientos.

En síntesis, estas tres cadenas asociativas son solo algunas de las que es posible detectar y que circulan fluidamente en nuestra sociedad, que no tiene demasiada conciencia de que son generadoras de conflictos. Ellas dan cuenta del origen de muchas de las dificultades con que tropiezan una gran cantidad de mujeres en sus prácticas de negociación. Como hemos podido comprobar, el aprendizaje de «lo femenino» no es inocuo. Las dependencias prescritas para el género, la identificación Mujer = Madre y las cadenas asociativas generan condicionamientos que determinan mayor vulnerabilidad y menores recursos en las mujeres a la hora de abordar negociaciones.

El altruismo no es sinónimo de solidaridad

La tercera hipótesis nos permite analizar algunos de los nexos que considero más significativos entre negociación y género. Me permito recordarla: el altruismo no es sinónimo de solidaridad; sin embargo, se perpetúa una identificación incongruente entre ambos conceptos. Dicha identificación se convierte, para muchas mujeres, en un obstáculo que inhibe en ellas las actitudes negociadoras. Esta hipótesis nos abre el camino para esclarecer las diferencias entre altruismo y solidaridad. Comencé a preocuparme por este tema a poco de publicar mi libro *Los laberintos del éxito*, para el que tuve la oportunidad de trabajar con grupos de mujeres que desempeñaban roles muy protagónicos en ámbitos políticos y empresariales. Para mi gran sorpresa pude comprobar que no pocas de ellas solían confundir altruismo con solidaridad y, a raíz de dicha confusión, quedaban aprisionadas en un mar de dudas que limitaban su accionar. No fue fácil descubrir esas diferencias, pero lo fui logrando de forma progresiva, lo que me llevó a modificar sucesivas versiones que expuse en distintas oportunidades[19].

19. Este tema fue planteado en diversas conferencias y artículos publicados en diversas oportunidades con diversos títulos:
-Noviembre de 1993, «Amor, dinero y poder en la pareja: alternativas para un proyecto solidario», conferencia en el Taller de Psicodrama «El pasaje», Córdoba.
-Mayo de 1994, «El altruismo no es un sueño», *Revista de la Sociedad Hebraica Argentina, Buenos Aires.*
-Junio de 1994, «Negociación y género», Talleres, San Sebastián, España.
-Octubre de 1994, «El mito del altruismo femenino», *Reflexiones, Revista Mujeres en Acción* 2/3/94, Isis Internacional.
-Noviembre de 1994, «Mujeres que ceden para no negociar: ¿un síntoma del género?», *Actas* del Congreso Latinoamericano de Psicoterapia Analítica de Grupo, Buenos Aires. Ver Anexo.

Deseo aclarar que la confusión entre ambos conceptos no es producto de la casualidad ni mucho menos de la incapacidad intelectual de quienes se confunden, sino de un mecanismo sofisticado que, apoyado en las similitudes, omite las diferencias y logra, de esa manera, hermanar ambos conceptos convirtiéndolos en aparentes sinónimos.

a) ¿Jerarquía versus paridad?

El hecho de remarcar las similitudes y omitir cuidadosamente las diferencias — como he señalado antes— favorece la confusión entre altruismo y solidaridad. Ambos tienen en común la generosidad, que es una expresión de amor que se manifiesta de diferentes maneras: compartiendo situaciones agradables o beneficiosas, estimulando en otros la adquisición de recursos o renunciando a privilegios que perjudican el desarrollo de otros. La generosidad —que en los tiempos actuales suele ser un valor desacreditado en no pocas sociedades— no solo es deseable porque figura en el cuadro de honor de las virtudes sino porque es una forma de expresar amor. Y con amor la vida es mucho más grata.

Sabemos, sin embargo, que el amor es un concepto equívoco. Su necesidad universal no impide que cada

---

-Diciembre de 1994, «Negociación y género», *Actas* del Foro Interdisciplinario de Estudios de la Mujer, Buenos Aires.
-Abril de 1995, «El rol de la mujer en el fin del milenio», Feria Internacional del Libro, Buenos Aires.
-Octubre de 1995, «Las negociaciones nuestras de cada día», conferencia en el Instituto Psicoanalítico Mario Martins, Porto Alegre, Brasil.
-Noviembre de 1995, «La creación femenina en las redes del poder patriarcal», conferencia Seminario Mujer y Creatividad Artística, Santiago, Chile. Ver Anexo

persona lo entienda y lo practique a su manera. Por ello, el amor por sí mismo no es pasaporte a la felicidad y, mucho menos, garantía de salud. Hasta el amor más glorificado se vuelve insalubre cuando, por ejemplo, se establecen jerarquías que benefician a uno a expensas del otro. Es en este punto —cuando agudizamos nuestros sentidos— donde comienzan a perfilarse las diferencias entre el altruismo y la solidaridad, porque si bien ambos conceptos comparten el privilegio de la generosidad, también incluyen otras características que los distancian a uno del otro.

El *altruismo,* además de generosidad, presenta tres características distintivas:

a) establece vínculos unidireccionales;
b) requiere y exige la incondicionalidad por parte del que se asume como altruista, y
c) termina configurando una relación jerárquica entre el «proveedor» y el «proveído» a raíz de complejas y mutuas dependencias.

Vamos a detenernos un momento en estas afirmaciones.

La Real Academia Española define el altruismo como la «complacencia por el bien ajeno, aun a costa del propio». El altruismo está concebido, fundamentalmente, como una actitud personal basada en el renunciamiento. Parte del principio de que el «altruista» es la persona capaz de «entregarse» sin esperar ni reclamar retribución alguna. El mérito reside, justamente en ofrecer «todo» a cambio de «nada». Esta modalidad instala un sentido unidireccional, que hace referencia a que la provisión de afectos, cuidados, conocimientos, protección, respeto, estímulos, etc., transita en un único sentido, sin «ida y vuelta». Los vínculos unidireccionales son los que no acuerdan un compromiso explícito de retribución. Las prácticas altruistas, en apariencia, no esperan el retorno proporcional a lo que fue brindado, sin embargo, el anhelo de retribución nunca deja de estar presente. Un ejemplo por demás elocuente es el de las mujeres que, en función de madres, postergaron sus anhelos más preciados e incluso llegaron a renunciar a proyectos de desarrollo personal en aras de la «felicidad de los hijos», creyendo de buena fe que lo hacían altruistamente «como corresponde» a una madre. Sin embargo, con el paso del tiempo, los reclamos y las acusaciones de ingratitud ponen sobre el tapete que todos los renunciamientos femeninos esperaban un resarcimiento que compensara tantas postergaciones. Creo poder afirmar, sin demasiado margen de error, que el renunciamiento de que hacen gala muchas mujeres que se autodenominan altruistas responde mucho más a la necesidad de adecuarse a un mandato social que a un sentimiento auténtico. Este sería uno de los motivos por los cuales con tanta frecuencia comprobamos que muchas de ellas, al cabo de los años, suelen encontrarse con una acumulación de «facturas por cobrar» sin posibilidad de ser saldadas.

Otra de las características de la actitud altruista es la *incondicionalidad*, es decir, estar siempre disponible para satisfacer complacientemente el «qué», el «cómo» y el «cuándo» del beneficiario. Esta incondicionalidad reiterada suele dar cabida a actitudes de aprovechamiento por parte de quien acepta los beneficios con la misma naturalidad con que se recibe todos los días el amanecer. La aceptación reiterada de los ofrecimientos incondicionales desemboca —necesariamente— en una situación de explotación. No está de más recordar que la explotación entre los seres humanos poco tiene que ver con el amor.

Aquí es necesario señalar que la incondicionalidad orientada siempre en una sola dirección contribuye a formar una *estructura jerárquica*. Si jerarquía es la relación que establece superioridad de unos sobre otros —y la consecuente subordinación—, resulta fácil entender que un vínculo con el que uno se beneficia a expensas de la incondicionalidad de otro es cualquier cosa menos una relación entre pares. Esta «disparidad» consolida una jerarquía que suele pasar inadvertida, porque se produce un fenómeno de «naturalización» por el cual «todo el mundo» encuentra muy «natural» que uno esté cómodamente sentado en el carro del cual otro tira.

Por lo que hemos visto hasta ahora, es posible darnos cuenta de que el componente de generosidad que tienen en común el altruismo y la solidaridad no alcanza para hacerlos aparecer como sinónimos. Sobre todo porque las diferencias que existen entre ellos los colocan en orillas opuestas respecto de la ética de la reciprocidad.

En cuanto a la *solidaridad*, no es una actitud personal sino fundamentalmente social, basada en la ayuda y el respeto mutuos.

El sentimiento preponderante es que la infelicidad

ajena enturbia la propia; de allí surgen el deseo y la necesidad de contribuir al bienestar de los otros. Pero a diferencia del altruismo, la solidaridad establece vínculos bidireccionales y paritarios. Es decir relaciones donde la trama se teje —y sostiene— con un permanente «ida y vuelta», que coloca a los participantes en situación de paridad. La solidaridad no tolera roles cristalizados y exige una permanente rotación entre quienes dan y quienes reciben.

La solidaridad está basada en la ética de la reciprocidad. Y es justamente su ejercicio lo que impide que unos se aprovechen de otros y que puedan mantenerla.

La comparación entre altruismo y solidaridad, en este contexto, tiene por objetivo tomar conciencia de las diferencias sustanciales que existen entre ambos. Ello permite develar una situación engañosa, que toma a la mujer como protagonista y la sumerge en confusiones que limitan su autonomía. En lo que respecta a la negociación, la posibilidad de diferenciar un concepto de otro es de capital importancia, porque —como veremos más adelante— *la negociación es incompatible con el altruismo, pero compatible con la solidaridad.*

b) La feminización del altruismo

El altruismo fue asignado en exclusividad a las mujeres cuando el pensamiento patriarcal tomó el ideal maternal como sustento de la identidad femenina. Eso le permitió elevarlo a la categoría de característica «esencial» de la feminidad y hacerlo derivar de la «naturaleza biológica». De esta manera, las mujeres quedaron condicionadas a desempeñar roles que necesariamente las colocan en los lugares subordinados dentro de una trama jerárquica. El llamado «altruismo femenino» es una forma sofisticada de naturalizar los servicios —y servilismos— ejercidos por mujeres, quienes automáticamente terminan por contribuir a su perpetuación. Una consecuencia directa de esta naturalización es la compulsión que tantas mujeres experimentan a hacerse cargo de las necesidades ajenas y a actuar como madres complacientes y solícitas, incluso de los hijos que ya se valen por sí mismos, y hasta de todo el mundo.

El altruismo adjudicado a las mujeres como característica esencial del género es una construcción social que ha naturalizado los costos que ellas afrontan unilateralmente en la producción de sujetos. Me refiero concretamente a que el embarazo exige altruismo para poner a disposición el cuerpo-continente, que sufrirá los embates del proceso de la gestación. También el parto exige altruismo para poner en juego la vida en un trance que tiene de todo menos de placentero y seguro. Por último, la crianza —ejercida en exclusividad— exige altruismo, porque requiere restringir libertades, postergar proyectos y reducir espacios.

De este modo la contribución de las mujeres a la sociedad y a la especie humana contiene un altísimo grado de altruismo que, al ser naturalizado (es decir, al considerarse que gestar, parir y criar son nada más que expresiones «naturales» de la biología femenina) se desdibuja y borra la innegable contribución social que ellas hacen. De esta manera, muchos varones «olvidan» que ellos también pueden vivenciar la paternidad, y por su parte la sociedad se exime de compensar a las mujeres por los riesgos que corren para beneficio de todos. No podemos caer en la ingenuidad de creer como pregonan las sociedades patriarcales que todos estos riesgos son privilegios de los cuales las mujeres deberían sentirse enaltecidas y por demás satisfechas.

La feminización del altruismo es uno de los mecanismos más eficientes para generar culpas y tejer redes atrapantes alrededor de las mujeres. Una de estas redes es la que las convierte en un supuesto «reservorio de la humanidad». Es decir, se deposita en ellas toda la esperanza de «salvación» y se apela a su «natural altruismo» para curar las heridas que abren las guerras conducidas por varones que en el ejercicio de un poder que no comparten con las mujeres satisfacen así su ambición desmedida.

Esta idea, tan frecuentemente enarbolada por políticos convencidos de que el lugar de la mujer es ser «el reposo del guerrero», funciona como un «tiro por elevación» que logra dos objetivos importantes. Por un lado, exime a los varones de la responsabilidad de asumir comportamientos solidarios y los libera del incómodo altruismo que margina y anonimiza. Por otro lado, responsabiliza a las mujeres por la falta de atención del «guerrero» necesitado. Una vez más las mujeres terminan desempeñando el rol de Pandora, sobre quien pesa la responsabilidad del bienestar o la desgracia de la humanidad.

Es comprensible entonces que, confundidas por la identificación tendenciosa de altruismo y solidaridad, y temerosas de sentirse «mujeres desnaturalizadas», muchas

de ellas se sientan incómodas o culposas cuando se las
acusa de falta de solidaridad por negarse a ser altruistas.

c) La negociación puede ser solidaria pero nunca altruista

Creo que ha quedado bastante claro que altruismo y solidaridad no son sinónimos ni podrían serlo, y que la ética de la reciprocidad es la divisoria de aguas entre ambos.

Aunque parezca redundante, necesito repetir que el altruismo exige renunciamiento, entrega incondicional y supeditación de los intereses propios a los ajenos. Si recordamos los seis requisitos personales para negociar de los cuales me ocupé detalladamente en el capítulo 5 resulta evidente que la negociación y el altruismo son totalmente incompatibles. Poner condiciones, legitimar los deseos personales y defender las propias conveniencias colocan a la negociación en la vereda de enfrente del altruismo.

Sería pertinente recordar una vez más que para muchas mujeres, la medida del amor está dada por el grado de altruismo manifestado; en estos casos, la negociación produce una profunda herida en la imagen idealizada del amor altruista. Ni los otros son tan altruistas como para renunciar a sus intereses en nuestro beneficio ni lo somos nosotras como para renunciar a los nuestros.

Pero si bien la negociación es incompatible con el altruismo, sí es compatible con la solidaridad.

En el capítulo introductorio hablamos de la mala fama

con que circula la palabra «negociación». Entre otras cosas, porque algunas personas y ciertas corrientes económicas, políticas y filosóficas plantean la negociación como una lucha a muerte, donde el beneficio del ganador se logra a expensas de la destrucción del perdedor. Ganar, a mi juicio, no es obtener el máximo de beneficio específico en aquello que se disputa sino que incluye cuidar la relación con quien se negocia y contribuir, de alguna manera, a preservarla.

Señalaba también que esto nos conecta directamente con el tema de la ética y de su relación con la negociación, porque *la solidaridad es una postura ética.*

Desearía reafirmar lo señalado en la Introducción:

Es importante tener presente que la negociación como alternativa para resolver diferendos no es mala o buena en sí misma. Igual que el dinero o el poder, depende de cómo se la utiliza y con qué objetivos. La negociación adopta signos positivos o negativos según el contexto ético dentro del cual se la pone en práctica. Así por ejemplo, en un contexto de corrupción, las negociaciones son corruptas. En un contexto de competencia extrema, las negociaciones son leoninas. En un contexto de solidaridad, son alternativas que buscan soluciones que contemplen las necesidades de las partes. Es el contexto ético en que se inserta cada negociación el que le confiere los atributos. En otras palabras: *el peligro que muchas mujeres atribuyen a la negociación no reside en negociar sino en la ética que se esgrime al hacerlo.*

Al respecto resulta muy importante no confundir los recursos con su utilización. Muchas de las mujeres que no discriminan suelen terminar renunciando a negociar por temor a caer en una utilización reñida con la ética y la solidaridad. Este error las conduce a autopostergaciones reiteradas que deterioran sus vínculos más intensos, porque *la solidaridad no consiste en ceder espacios y aspiraciones legítimas sino en repartir equitativamente tanto los inconvenientes como los beneficios.*

En síntesis, las tres hipótesis que se presentan en este capítulo sobre género y negociación dan cuenta de las dificultades con que tropiezan muchas mujeres a la hora de negociar. Son dificultades que tienen su origen en los condicionamientos sociales que pesan sobre el género femenino.

Preparadas para ser altruistas como expresión de feminidad, no son pocas las que presentan serias inhibiciones para poner condiciones y, por lo tanto, también para negociar. Tironeadas entre la imposición de ser altruistas y el deseo de ser solidarias, creyendo además que altruismo y solidaridad son la misma cosa, muchas mujeres terminan exhaustas en un mar de confusiones. Sabemos que la negociación es incompatible con el altruismo pero no con la solidaridad. La indiferenciación de ambos conceptos genera tal confusión que promueve intensos conflictos.

La identificación de altruismo y solidaridad es tendenciosa porque encubre una clara intención de poder. En términos de poder, el altruismo favorece vínculos desiguales que promueven la explotación de quien «se entrega» para beneficio de quien recibe. La solidaridad, en cambio, condiciona un reparto igualitario que disminuye marginaciones y privilegios. El altruismo y la solidaridad comparten en nuestra sociedad un mismo pedestal pero no la misma ética, porque el altruismo favorece privilegios que la solidaridad combate.

Identificar solidaridad con altruismo es producto de un sistema social que desea perpetuar servilismos y se vale de todos los recursos a su alcance. Es, a mi criterio, un mecanismo magistral ideado por el patriarcado en la previsión de que algunas mujeres logren sortear los complejos laberintos de la culpa y la identidad. Llegado el caso de que algunas pudieran salir airosas y estuvieran en condiciones de disponer de los recursos para abordar negociaciones, les quedaba aún enfrentar una nueva prueba: la de ser capaces de renunciar a sus pretensiones solidarias para animarse a negociar, que es como proponer que sean capaces de vender su alma al diablo. ¿Ingenioso, verdad?

Pero como las mentiras tienen patas cortas (aunque a veces ello no les impide transitar recorridos de siglos), alguna vez queda al descubierto el punto de falsedad.

Como broche final, deseo compartir con quienes tuvieron la paciencia de acompañarme una poesía que, además de ser hermosa, condensa magistralmente el sentido de solidaridad entre mujeres y varones. Esta poesía apareció publicada en la revista *Fempress* (N° 130, agosto de 1992, Santiago, Chile), que a su vez la tomó de *Decade Link*, Suiza, abril de 1992:

Por cada mujer

Por cada mujer que está cansada de actuar con debilidad
aunque se sabe fuerte, hay un hombre que está cansado
de parecer fuerte cuando se siente vulnerable.

Por cada mujer que está cansada de actuar como una
tonta,
hay un hombre que está agobiado por la exigencia
constante de «saberlo todo».

Por cada mujer que está cansada de ser calificada como
«hembra emocional» hay un hombre a quien se le ha
negado el derecho a llorar y a ser delicado.

Por cada mujer catalogada como poco femenina cuando
compite
hay un hombre para quien la competencia
es la única forma de demostrar que es masculino.

Por cada mujer que está cansada de ser un objeto sexual,
hay un hombre preocupado por su potencia sexual.

Por cada mujer que se siente «atada» por sus hijos
hay un hombre a quien le ha sido negado
el placer de la paternidad.

Por cada mujer que no ha tenido acceso a un trabajo
satisfactorio y salario justo, hay un hombre que debe
asumir toda la responsabilidad económica de otro ser
humano.

Por cada mujer que desconoce los mecanismos de un
automóvil
hay un hombre que no aprendió
los placeres del arte de cocinar.

Por cada mujer que da un paso hacia su propia liberación
hay un hombre que descubre que el camino a la libertad
se ha hecho un poco más fácil.

ANEXOS

Mujeres legislativas y género[20]

Mujeres discriminadas del poder

Acceder al poder siempre ha sido una tarea ardua y desgastante. Pero si además, quien pretende hacerlo proviene de un grupo discriminado, los frentes se multiplican y la tarea se complejiza más allá de lo imaginable. Las mujeres que hoy acceden al poder son mujeres transgresoras que han sido capaces —cada una a su manera— de desafiar «lo establecido». Son mujeres que pretenden ser protagonistas y salir de la marginación a la que estaban destinadas en una sociedad patriarcal por el hecho de pertenecer al género femenino. Algunas descreen que exista la discriminación y están convencidas que llegar es solo una cuestión de capacidad. Otras, en cambio son conscientes que para llegar tuvieron que rendir siempre

20. Presentado en el Seminario: Mujeres y liderazgo legislativo, en el marco del panel: Construcción de coaliciones y otras estrategias para el liderazgo legislativo, Buenos Aires, 18 de octubre de 1994.

«examen doble» por el hecho de ser mujeres. Algunas se contentan con llegar a compartir con los varones algunos espacios de poder con la esperanza —ilusoria a mi criterio— de que los varones las van a tratar como a un igual. Otras pretenden contribuir a un cambio estructural, convencidas que es imposible ser respetada como par dentro de un sistema que jerarquiza las diferencias entre los géneros.

Unas y otras tienen que superar permanentes pruebas para desmentir eternas y latentes sospechas acerca de que son frágiles, incapaces, histéricas, seductoras, comehombres, poco femeninas, trepadoras, etc. La tarea política no es fácil, pero mucho menos lo es para una mujer. Y los mayores obstáculos no residen solo en las discriminaciones concretas provenientes de aquellas personas interesadas en mantener el poder dentro del círculo masculino. Los mayores obstáculos residen en la falta de conciencia de género entre las mismas mujeres políticas.

Conciencia de género

Tener conciencia de género es reconocer que existe la discriminación de la mujer. Que esa discriminación se cuela por todas las hendijas del poder público, del ámbito doméstico, de la vida cotidiana y de la propia subjetividad. Es enterarnos que la misma está avalada por todas las instituciones de la comunidad: instituciones educativas, religiosas, legislativas, políticas, etc. Es descubrir que vamos incorporando la discriminación de manera sutil hasta llegar a naturalizar actitudes que son inequívocamente serviles. Tener conciencia de género no es solo descubrir múltiples formas de la sojuzgación femenina sino también cambios. La conciencia de género es el punto de partida de cualquier proyecto reformador en lo que atañe a la mujer porque permite entender el origen de muchos obstáculos. Permite entender que en nuestra sociedad todo está sexuado. Está sexuado el poder, está sexuado el dinero, está sexuado el lenguaje, etc. Un ejemplo de la sexuación del lenguaje es que mientras a un varón ambicioso se lo toma como sinónimo de triunfador, a una mujer, igualmente ambiciosa, se la toma como sinónimo de «trepadora».

La conciencia de género permite desactivar ciertos ataques concretos como son por ejemplo lo que he denominado *terrorismos psicológicos*.

Casi todas las mujeres que pretenden descollar en lo público suelen ser víctimas de estos tipos de terrorismos. Entre los más simples figuran las preguntas —casi siempre fuera de contexto— con las que suelen acosar a las mujeres:

a) *¿Es casada?*
Esta pregunta encubre una velada insinuación de lesbianismo, pocos atractivos femeninos, o de una vida en soledad como castigo por las ambiciones extradomésticas.

b) *¿Tiene hijos?*
Esta, a su vez, encubre un cuestionamiento a la capacidad «maternal» lo cual arrastra

descalificación para las dos posibilidades. Si tiene hijos se deja deslizar que los está descuidando y si no los tiene que algo falla en su feminidad.

c) *¿No tiene miedo que su marido se vaya con otra mientras Ud. está ocupándose de la política?*
Esto es abiertamente un Exocet[21]. Esta pregunta nunca se la hacen a un varón porque nadie duda que en ellos, la actividad pública casi les garantiza compañía femenina y persistencia conyugal.

Otro tipo de terrorismo es la descalificación que sufren las mujeres cuando son colocadas en un lugar de objeto sexual (concepto radicalmente diferente al de que una mujer sea considerada sexualmente atractiva). Un ejemplo reciente en nuestro medio fue cuando una joven diputada fue nombrada *Miss* por un grupo de colegas varones. Un diario capitalino resaltó como virtud sus medidas de busto, cintura y cadera en lugar de sus habilidades para el cargo. Sería lo mismo que eligieran *Mr. Diputado* a un varón en virtud de las medidas del largo y diámetro de su pene. Es obvio que el criterio de selección es más digno de la Exposición Rural que de la Cámara Legislativa.
Estos son solo algunos ejemplos dentro de un espectro casi infinito de terrorismos psicológicos que tienen como objetivo a las mujeres que aspiran al

---

21. El Exocet es un misil antibuque. Se trata de un arma del tipo «dispara y olvida» que realiza su recorrido hasta el blanco rozando la cresta de las olas, a unos 10 m de altitud. Cuando se aproxima al blanco, puede descender hasta los 3 m o, por el contrario, elevarse rápidamente para evadir los sistemas antimisil y precipitarse sobre el objetivo desde arriba. (N. del Ed.)

protagonismo. Tales actitudes deben ser consideradas como terroristas porque están siempre fuera de contexto, caen imprevistamente, generan confusión e impotencia y tienen por objetivo la destrucción. Estos terrorismos son producto de la discriminación del género femenino y no son patrimonio exclusivo de los varones. He escuchado a varias mujeres decir «Yo no soy feminista… yo soy femenina» confirmando con ello el prejuicio de que el feminismo es antifemenino. Cuando una mujer que ha logrado trascender —por haber sido capaz de modificar ella misma los roles tradicionales— hace estas sugerencias, está obstruyendo a otras mujeres la vía de acceso para conseguir lo que ella ya logró. Este tipo de mujeres termina emulando las técnicas patriarcales de amedrentamiento y su terrorismo tiene un efecto mucho más devastador porque ataca al corazón mismo de la solidaridad.

Deseo señalar también otro aspecto relacionado con el género. El aprendizaje del género femenino genera confusiones y profundos malentendidos que desde el interior de la propia subjetividad actúan produciendo grandes perjuicios. He comprobado, por ejemplo, que algunas mujeres políticas (tanto aquí como en España) pretenden ganar y ser ganadas con argumentos afectivos en negociaciones donde lo que se juegan son intereses muy concretos que no pertenecen al mundo de lo afectivo. No es difícil encontrar mujeres militantes que toman como una ofensa la falta de apoyo de un compañero de partido o le reprochan «desafecto», cuando todas sabemos —o deberíamos saber— que en política, lo que está en juego no son afectos sino intereses. Intereses solidarios o egocéntricos, pero intereses al fin. Con frecuencia muchas mujeres caen en esta confusión, que no es producto de una incapacidad para discriminar o de falta de inteligencia, sino de su aprendizaje del género femenino. Este aprendizaje les lleva a muchas de ellas hacer pasar todo por el tamiz de lo afectivo y terminan confundiendo mundo público y mundo privado, solidaridad con altruismo, interés personal con egoísmo. Es importante dejar en claro que no se trata de excluir los afectos sino de dejar de traducir todo en términos afectivos y aprender a discriminar cuales son los recursos propios de cada ámbito.

También he observado que algunas mujeres llegan a sentirse muy afectadas cuando se las acusa de falta de solidaridad cada vez que intentan defender sus intereses. El malestar suele provenir de confundir solidaridad con altruismo. A esta altura de los desarrollos teóricos acerca del género estamos en condiciones de saber que amar no es entregarse hasta morir y que ser amado no es recibir hasta saciarse. El altruismo se caracteriza por reclamar incondicionalidad. Es una relación unilateral donde uno se beneficia a expensas de otro. La solidaridad en cambio es un vínculo de ida y vuelta que exige un compromiso compartido y recíproco. La solidaridad se apoya en una ética de reciprocidad mientras que el altruismo en la ética del amor incondicional. La confusión tan frecuente en que caen muchas mujeres sucede entre otras cosas porque se supone que toda mujer debería comportarse siempre en cualquier circunstancia como una madre altruista e incondicional. En la base de esta creencia está la identificación que se hace de «lo femenino» con «lo maternal». Identificación que ha sido acuñada por la ideología patriarcal dentro de la cual las mujeres tenemos solo dos modelos posibles: ser María —inmaculada y altruista— o ser Magdalena, es decir mujer pública en su acepción tradicional de prostituta, real o simbólicamente. En lo que respecta a las mujeres políticas, es importante dejar en claro que el compromiso social exige solidaridad pero no altruismo. Cuando las mujeres caen en la trampa del altruismo —generalmente en beneficio de un varón— cavan su propia fosa de marginalidad política.

La solidaridad: una estrategia de sobrevivencia

Querría terminar esta brevísima introducción al tema de género planteando que el hecho de que una mujer acceda al poder no significa que automáticamente promueva cambios para modificar la condición de marginación de las mujeres. Para ello es necesario tener conciencia de género. Cuando esto no sucede se da la paradoja de que son las propias mujeres las que desde dentro del corazón mismo del poder legitiman y perpetúan la discriminación. Sin conciencia de género es impensable la solidaridad entre mujeres. Y sin solidaridad no hay progreso posible. A esta altura de la historia del mundo y de nuestro país la propuesta de una práctica solidaria entre mujeres no es un planteo idealista y romántico sino una estrategia real de sobrevivencia. Quien trabaja en política sabe, mejor que nadie, que la desunión es casi garantía de fracaso. En este sentido estoy convencida que la falta de solidaridad de género es lo que más les garantiza a las mujeres seguir siendo sojuzgadas dentro de sus propios partidos. Nos consta que todos los partidos son profundamente patriarcales y discriminan a las mujeres tratando de mantenerlas alejadas de los espacios reales de poder.

Este Seminario va a tratar sobre coaliciones. Creo que la primera coalición debería ejercitarse para defender la solidaridad de género.

Negociación y género:
Mujeres que ceden para no negociar ¿Un síntoma del género?[22]

La negociación ha sido un tema de interés progresivo en los últimos años y ha generado no poca bibliografía destinada fundamentalmente a capacitación para ser aplicada en ámbitos económicos y políticos, como también en las prácticas del derecho en forma de «mediaciones». Sin embargo, poco se ha indagado acerca de los conflictos que genera en muchas personas —sobre todo en mujeres— el hecho de negociar, independientemente de la capacitación y/o habilidades. Fascinada por lo que intuía silenciado en un tema de tanta actualidad, decidí llevar a cabo un proyecto de investigación con el objetivo de dilucidar algunos de los conflictos que generan las prácticas

---

22. Ponencia presentada en el XI Congreso Latinoamericano de Psicoterapia Analítica de Grupo, Buenos Aires, 17 - 19 de noviembre de 1994.

de negociación en muchas mujeres. Y aquí presento algunos comentarios preliminares.

Observando la vida cotidiana podemos constatar que todas las personas llevan a cabo intercambios en distintos niveles y ámbitos que alcanzan lo privado y lo público, lo personal y lo social, lo afectivo y lo sexual, lo comercial y lo cotidiano. En estos intercambios circulan intereses que no siempre son coincidentes y la divergencia de intereses coloca a las personas ante la necesidad de resolver dichas diferencias. En estas circunstancias las alternativas más frecuentes utilizadas por las personas son ceder, negociar o imponer. La negociación resulta ser, de estas tres alternativas, la única que ofrece posibilidades de acuerdos y con ello la oportunidad de obtener resoluciones no violentas. Sin embargo, la negociación suele tener mala fama entre muchas mujeres y está cargada de mitos y tabúes que generan violencias internas.

Muchas ceden espacios deseados —y hasta derechos legítimos— por eludirla. Hay quienes son capaces de negociar para otros pero no para sí. Asimismo, muchas no pueden implementarla como un intercambio lúdico sino como una guerra donde se juega la vida. Incluso existen personas de probada inteligencia y con experiencia en actividades públicas (comerciales, empresariales, gremiales, políticas, etc.) que suelen encontrar dificultades para aplicar lo aprendido en sofisticados cursos de negociación, lo cual me lleva a sospechar que los aprendizajes teóricos sobre negociación resultan insuficientes para muchas mujeres porque existen otro tipo de obstáculos. Estos obstáculos son intrapsíquicos y están directamente relacionados con la adhesión inconsciente a ciertos condicionamientos de género.

Antes que nada es necesario puntualizar que la palabra negociación deriva del latín *negotiari* que significa hacer negocios, comerciar, y que a su vez tiene su raíz en *negotium* que significa ocupación, quehacer —que es lo opuesto a *otium* que significa reposo—. En un sentido acotado, la palabra negociación está asociada a tratativas para resolver cuestiones comerciales y económicas, pero en su sentido más amplio abarca a todo tipo de tratativas asociadas a los quehaceres, que —como muy bien sabemos las mujeres— son múltiples y no se reducen a la esfera económica. Vamos a tomar aquí la palabra negociación en su sentido más amplio para aplicarla a todas aquellas tratativas que llevan a cabo los seres humanos en sus múltiples interacciones no solo en las comerciales y políticas.

En todos los talleres realizados para investigar el tema me ha llamado la atención un fenómeno reiterado. Me refiero a que con frecuencia muchas mujeres viven la negociación como una situación violenta y, para evitarla, ceden, sin darse cuenta que al ceder no logran con ello resolver las diferencias. Muchas llegan a la negociación cuando agotaron todas las instancias para evitarla. Como suelen decir: «cuando ya no dan más» o «el hilo está por cortarse». No negocian al comienzo para fijar las condiciones sino al final y cuando el voltaje acumulado está a punto de generar explosiones irreparables. Si, por un lado, comprobamos que muchas mujeres ceden para evitar negociar, debemos preguntarnos, por otro, por qué lo hacen. Las respuestas más habituales son:

a) Que ceden para evitar violencias.
b) Que ceden para seguir siendo amadas y contentar a quienes aman.
c) E incluso que ceden porque no se les ocurre que podrían no hacerlo .

Ahora bien, cuando nos sumergimos en las complejidades del tema encontramos que detrás de estos múltiples cederes existen profundos equívocos, no pocos fantasmas y una cantidad impensada de condicionamientos de género. Veamos algunos de ellos.

a) Cuando las mujeres dicen que ceden para evitar violencias, en realidad lo que ocurre es que la violencia la ejercen sobre ellas mismas, al reprimir sus deseos, ocultar sus intereses y renunciar al derecho de reclamar y ocupar un espacio posible. A esto se suma que el ceder reiterado genera resentimientos que reavivan la violencia que pretendían evitar y, con frecuencia, ponen en movimiento una «guerra fría» que no es mucho menos destructiva que la guerra deliberada. El ceder no es menos opresor que el imponer y también responde a una estructura de vínculos autoritarios. En dicha estructura, el ceder y el imponer son dos caras de una misma moneda que perpetúan relaciones basadas en el principio de la dominación. Dicho principio es el que instaura dependencias, avala jerarquías y otorga privilegios. Es importante señalar que la posibilidad de cambiar no reside en que las mujeres dejen de ceder para aprender a imponer sino en que recuperen el derecho legítimo de instalarse como sujetos para participar de una relación paritaria donde los propios deseos e intereses sean considerados por ellas mismas tanto como lo son los de la otra parte. Como vemos, la creencia de que es mejor ceder que negociar para evitar violencias, es solo una ilusión, que además, es errónea y psíquicamente poco económica.

b) Los comentarios siguientes son muy significativos. Algunas mujeres dicen:

«Yo no puedo negociar porque quiero estar bien con todo el mundo y temo que si pongo condiciones dejen de quererme».

El temor que muchas mujeres tienen de dejar de ser queridas si contrarían las expectativas ajenas, pone sordina a sus posibles disidencias. La creencia de que el amor se gana acomodándose a los deseos y reclamos ajenos las inhibe para poner condiciones. Por temor a no llegar a ser amada o a dejar de serlo muchas mujeres adoptan actitudes complacientes, convencidas que lo mejor que tienen para ofrecer es una cantidad de servicios y no ellas mismas como sujetos. Con frecuencia, la complacencia reiterada genera sobreadaptaciones que son vividas como naturales y obvias tanto para quien complace como para quien es complacido. Al respecto, una mujer comentaba:

«Es tal lo incorporado como obvio que a una se le confunde con el deseo y terminamos deseando aquello que los otros quieren que hagamos».

Un punto clave para la comprensión de esta situación reside en que muchas de ellas tienden a concebir el amor como altruismo incondicional. Esto se superpone con una confusión bastante frecuente en nuestra sociedad: la tendencia a identificar altruismo con solidaridad. El altruismo se caracteriza por reclamar *incondicionalidad*. Es un vínculo unilateral donde alguien se beneficia a expensas de otro. La solidaridad, en cambio, exige *reciprocidad* y por lo tanto es un vínculo bilateral. Como vemos, la incondicionalidad es incompatible con la reciprocidad, sin embargo, altruismo y solidaridad siguen siendo, para muchas personas, sinónimos intercambiables. Esta confusión no es ingenua y mucho menos inocua. La inercia de nuestros aprendizajes de los roles de género llevan, por ejemplo, a que muchas mujeres se sientan en falta y desorientadas cuando se les acusa de falta de solidaridad porque se niegan a ser altruistas. El altruismo y la solidaridad comparten en nuestra sociedad un mismo pedestal pero no la misma ética, porque el altruismo favorece privilegios que la solidaridad combate. Desde esta perspectiva podemos afirmar que *la negociación resulta incompatible con el altruismo pero no con la solidaridad.*

Preparadas para ser altruistas como expresión de feminidad, muchas mujeres presentan serias dificultades para poner condiciones y, por lo tanto, también presentan dificultades para negociar. Tironeadas entre la imposición de ser altruistas, y el deseo de ser solidarias, creyendo además que altruismo y solidaridad son la misma cosa, muchas mujeres terminan exhaustas en un mar de confusiones y sin poder negociar. Afortunadamente, algunas son capaces de abordar negociaciones de manera bastante satisfactoria, y ello nos plantea un misterio: comprender cómo se las ingeniaron para escapar a la trama intrapsíquica tejida a base de altruismos e incondicionalidades. Evidentemente, estas mujeres no creyeron en todo lo que les enseñaron, o tuvieron la suerte de que les enseñaran otras cosas.

c) Decía anteriormente que muchas mujeres ceden sin pensar en negociar porque ni se les ocurre que podrían hacerlo. Al respecto deseo hacer referencia a lo que denomino los «*no negociables*». Con frecuencia el abordaje del tema negociación despierta encendidos posicionamientos que suelen expresarse en afirmaciones opuestas. Algunas personas sostienen desenfadadamente que todo es negociable y solo es cuestión de encontrar el precio y el capitalista que lo pague. Otras personas se irritan ante esa afirmación y sostienen de forma desafiante que «hay cosas que no se negocian», haciendo referencia al amor, la solidaridad, la honestidad o dignidad humanas, entre otros valores. Lo que deseo señalar de esta posición es que con llamativa frecuencia suelen quedar adheridos a estos valores éticos (como amor, solidaridad, honestidad) una cantidad de actitudes y comportamientos adjudicados a la feminidad, como por ejemplo: la dedicación indiscutida al esposo e hijos, la asunción exclusiva por parte de las mujeres de las tareas domésticas, la distribución desigual del dinero en la pareja, la adjudicación de tiempos y espacios jerarquizados para el desarrollo personal del varón, la postergación de desarrollos personales de la mujer en aras del bienestar familiar, etc. Me llamó poderosamente la atención que la sola idea de que las mujeres pretendan negociar las tareas tradicionalmente adjudicadas a ellas suele generar desconcierto seguido de conmoción, tanto en mujeres como en varones. Gran parte de estas tareas consideradas «femeninas por naturaleza» son nada más y nada menos que privilegios masculinos que, sin embargo, pasan a engrosar la lista de los «no negociables». De esta manera una enorme cantidad de actitudes y actividades asignadas a las mujeres quedan automáticamente instaladas en la misma categoría de los valores éticos y, en consecuencia, fuera de todo cuestionamiento. Es frecuente observar que la «naturalización» de muchas complacencias femeninas convierten en «no negociables» comportamientos que nada tienen que ver con valores éticos. En estas condiciones, lo natural se vuelve obvio y lo obvio invisible, quedando así fuera de la conciencia y por lo tanto, también fuera de la negociación.

Sintetizaré muy brevemente las relaciones entre negociación y género diciendo que la negociación por su sola existencia, pone en evidencia que existen intereses personales, y que dichos intereses son divergentes porque responden a deseos no compartidos. Esto ya es motivo de dificultad para muchas mujeres que viven la defensa de los intereses personales como una expresión de egoísmo y la legitimación de deseos propios como una transgresión explícita. El tener que defender intereses personales prende la mecha de un conflicto intrapsíquico porque pone automáticamente en cuestionamiento el altruismo incondicional que, en nuestra sociedad patriarcal, forma parte del ideal femenino sustentando en el ideal material de altruismo, incondicionalidad y abnegación.

Voy a plantear tres hipótesis:

Primera hipótesis: el hecho de que las mujeres cedan para evitar negociar es un síntoma que evidencia la existencia de conflictos.

Segunda hipótesis: muchos de los obstáculos que aparecen en forma de síntomas no son patrimonio exclusivo de las mujeres pero afectan mayoritariamente a ellas porque el aprendizaje del género femenino presenta condicionamientos que determinan en las mujeres mayores vulnerabilidades y menores recursos para enfrentarlos.

La tercera hipótesis es el núcleo central de esta problemática: el Altruismo no es sinónimo de Solidaridad, sin embargo se perpetúa una identificación incongruente entre ambos conceptos. Dicha identificación se convierte para muchas mujeres en un obstáculo que inhibe en ellas las actitudes negociadoras.

En síntesis, abordar la negociación desde la perspectiva del género aporta claves fundamentales para comprender muchas dificultades femeninas. Por lo tanto, esta perspectiva de análisis no debería estar ausente en los abordajes tanto teóricos como clínicos.

La creación femenina
en las redes del poder patriarcal[23]

Dos maniobras claves:
sexuar el dinero y feminizar el altruismo

La expresión artística de las mujeres es la gran ausente de la historia universal y su invisibilidad es la mayor expresión de la mutilación que la comunidad humana ha hecho de sí misma.

Si las expresiones femeninas del arte son reducidas no es por que falten mujeres con talento sino porque sobra discriminación.

Todos sabemos que la creatividad en las mujeres tuvo prohibiciones explícitas. Es posible comprobar en los códices de costumbres que aún hoy se encuentran en los archivos de ciertas ciudades de la época de la

23. Trabajo presentado en el Seminario «Mujer y creatividad artística», Santiago de Chile, Noviembre 1995

colonia española, como en Humahuaca (Argentina) donde consta que las mujeres que pintaban o bordaban solo podían reproducir imágenes de artistas —que por supuesto eran varones— aprobados por las autoridades. Tenían explícitamente prohibido utilizar imágenes originales propias. Así y todo, muchas osaron transgredir, dando cauce a una necesidad irrefrenable de creación. Sin embargo, la fuerza que las impulsó para transgredir la prohibición de crear, no les alcanzó para liberarse de otras opresiones como el caso de tantas Camile Claudel que perpetuaron su anonimato engrosando las arcas de famosos creadores. También es posible comprobar que muchas otras mujeres ahogaron sus anhelos de creación sin poder defenderlos ante sí mismas como lo hicieron tantos varones que, imponiéndose a la adversidad económica o histórica se empecinaron en crear —a pesar de todo— convencidos que su necesidad era un derecho legítimo e inalienable.

Las prohibiciones sociales, las múltiples dependencias y las sumisiones femeninas junto con la vivencia de ilegitimidad de derechos ponen en evidencia la complejidad de un fenómeno que ha gozado de buena salud durante siglos. Dicho fenómeno ha sido —y sigue siendo— la expresión cabal de una estructura de poder que es, fundamentalmente, discriminadora y autoritaria.

Sin pretender abarcar la complejidad del fenómeno que da cuenta de la ausencia femenina en el arte —ni mucho menos agotar el alcance del poder patriarcal— voy a contribuir en esta oportunidad señalando algunas situaciones que perpetúan la marginación femenina en el arte. Se trata de un abordaje acotado pero significativo.

La discriminación artística de las mujeres ha sido producto de una estructura de poder patriarcal. Este se caracteriza por jerarquizar las diferencias entre los géneros, distribuir los privilegios entre varones y reducir a la mujer a su función reproductora acallando sus múltiples posibilidades de producción. Este modelo de poder promueve un sistema de valores faltos de solidaridad que encuentra eco en aquellos varones que se resisten a compartir privilegios y en aquellas mujeres que adhieren a modelos autoritarios y aceptan circular a la sombra del protagonismo masculino para ejercer, desde una oscuridad supuestamente protectora, un poder igualmente unilateral y arbitrario.

La creación artística es como un pájaro que se nutre de libertad y movimiento. Y en ese sentido transita caminos de transgresión. Movimiento, libertad y transgresión no siempre han sido compatibles con las mujeres que, en su tránsito hacia la adquisición del género femenino han visto a menudo coartada su independencia, contraindicada la autonomía y severamente penada la transgresión. La dependencia afectiva, sexual, legal, religiosa y económica de las mujeres marcó de manera inequívoca los límites del espacio femenino.

Un espacio que quedó circunscrito al mundo de los afectos, al ámbito de lo doméstico y al terreno de las emociones cautivas que no debían, ni podían ser convertidas en opinión. El arte es expresión, no silencio.

Es apertura, no encierro. Necesita de un espacio donde la mujer pueda concentrar sus energías en la creación dejando de estar pendiente de las necesidades ajenas. El arte requiere un espacio de soledad que las mujeres suelen tener permanentemente invadido con reclamos, demandas y exigencias. La expresión artística requiere un espacio que es casi lo opuesto al espacio asignado a «lo femenino», construido este último como un espacio encorsetado, doméstico y privado que tolera poco y mal las pretensiones de exhibición pública. Como si esto fuera poco, a todos nos consta que la creación circula por espacios públicos creando protagonismos —también públicos— a los cuales no siempre se han acostumbrado las mujeres que lo ejercen. Debemos tener presente que aprender a ser protagonista —y disfrutar con ello— es también un arduo trabajo que debe enfrentar el psiquismo femenino a fuerza de vencer fantasmas y recomponer imágenes internas.

El poder patriarcal desalienta cualquier actividad que escape a su control, por ello se las ingenia para sofocar aquellas actividades femeninas que puedan poner en peligro su ordenamiento autoritario, en especial la división sexual del espacio. Un ejemplo cabal nos lo brindó la dominación nazi cuando condensó la esencia del mandato patriarcal respecto del lugar de la mujer en «las tres K»: *kuche, kirche, kinder* (cocina, iglesia y niños). Es bien sabido que el espacio más propicio para la creación artística no es la cocina, ni la iglesia, ni el cuidado de los niños, aún cuando muchos sostengan —con razón— que cocinar es un arte, que la fe una vivencia inefable y la crianza de los niños una obra artesanal.

La expresión artística —dentro de la estructura de poder patriarcal— llega a convertirse en patrimonio de los que tienen permiso para expresarse porque no ponen en riesgo la distribución de dicho poder ni develan sus inquietudes. En pocas palabras, la expresión artística llega a convertirse en el derecho exclusivo de quienes disfrutan de los privilegios y detentan los recursos. Derechos y recursos marcan la línea divisoria entre libertad y esclavitud. Y, en este sentido, la precariedad de derechos femeninos y la limitación de los recursos económicos es lo que ha marcado y sigue marcando la medida de la esclavitud de la mujer en el arte y en todo lo demás.

Si abordamos el poder, tenemos que hablar de dinero. El dinero es uno de sus recursos privilegiados, como ha sido posible comprobarlo a lo largo de la historia de la humanidad y de nuestras acotadas existencias personales. En lo que a dinero respecta, las mujeres tenemos aún mucho por recorrer porque aunque muchas aprendieron a ganarlo aún no participan de su control en la misma proporción. Es bien conocido que la disponibilidad de dinero y la posibilidad de acceder al control y administración del mismo está lejos de ser una realidad y la prueba de ello es que la independencia económica que muchas lograron no les ha garantizado su autonomía.

Muchas creen ser independientes porque gastan a discreción con tarjetas de crédito adicionales cuyo control es ejercido por otro —que es el titular— a quien le llega el resumen de cuentas. No faltan mujeres con experiencia laboral que incorporan a sus maridos en las empresas que ellas crearon y en quienes delegan el control económico y financiero, perdiendo con ello la autonomía que disfrutaban antes de dicha incorporación y que se habían ganado merecidamente.

Tampoco son escasas las mujeres que tranquilizadas porque sus maridos les dicen: «no te preocupes, querida, todo nuestro capital es de los dos» jamás vieron los títulos de dicho capital ni tampoco conocen donde se guardan las acciones de las que se ufanan ser propietarias.

Y son muchas aún las que, reconfortadas por sus éxitos laborales, están convencidas que el mayor mérito no es de ellas sino de los maridos «condescendientes y generosos» que les permitieron progresar, en quienes delegan la administración de sus bienes.

Con variaciones de estilo, pero no de fondo, en las clases menos pudientes también son muchas las mujeres que creen ejercer el poder porque administran un único sueldo —siempre insuficiente— asumiendo todo el peso del dinero que no alcanza por más que lo estiren. Administrar y controlar el dinero de la pobreza no es un privilegio sino una condena.

Aunque las mujeres ganen dinero, siguen siendo muchos aún los obstáculos objetivos y subjetivos que las mantienen al margen del poder económico. Y, por lo tanto, también al margen de poder decidir, elegir y actuar en concordancia con sus anhelos de protagonismo. La creación artística, como es bien sabido, necesita de recursos económicos y en la medida en que dichos recursos estén fuera del alcance y control femeninos la creación de las mujeres seguirá siendo solo una posibilidad en potencia. ¡Será siempre una promesa de futuro!

Deseosa de contribuir a modificar esta situación de desigualdad me propuse —hace 15 años— indagar los obstáculos subjetivos que perpetuaban en las mujeres su marginación económica. Descubrí la existencia de conflictos en relación con el dinero y al cabo de unos años logré conceptualizar lo que llamé la *sexuación del dinero* que es, sin lugar a dudas un golpe magistral del poder patriarcal.

¿A qué se refiere dicha sexuación? Se trata sencillamente de que el dinero en nuestra sociedad occidental judeocristiana ha sido sexuado. Se le ha asignado un género sexual que es masculino y, a consecuencia de ello, ha llegado a ser considerado como patrimonio legítimo del varón y máxima expresión de su potencia sexual. La sexuación del dinero, que circula en el imaginario social y popular, ha adquirido la fuerza de una creencia. Como tal es vivida como «natural» y, por lo tanto , obvia e incuestionada. La sexuación del dinero está incorporada al inconsciente colectivo y se transmite a través de los arquetipos de feminidad y masculinidad que van estructurando el psiquismo de unas y otros.

En el marco de esta sexuación del dinero se instala un conflicto inconsciente que impregna la subjetividad femenina. Con su legendaria carga de «vil metal», de intereses y condicionamientos, el dinero entra en colisión con las prácticas altruistas abnegadas e incondicionales atribuidas a la condición femenina como herencia de la maternidad. El conflicto se plantea porque el dinero ocupa en la realidad social —y en el imaginario que acompaña a dicha realidad— un sitio necesariamente ubicado en «la vereda de enfrente» de lo que ha sido considerado como lo genuinamente «femenino». El dinero llega a convertirse para muchas mujeres en una brasa incandescente que horada las bases altruistas e incondicionales de la propia identidad sexual. Así, llegan a ser las propias mujeres las que, al presentad serias dificultades en sus prácticas con el dinero, se convierten en las principales contribuyentes de su propia marginación económica. Por ello sostengo que la sexuación del dinero ha sido una maniobra magistral del poder patriarcal para perpetuar la marginación económica femenina.

Antes de finalizar deseo poner en evidencia una de las trampas mejor orquestadas por el patriarcado para confundir, culpabilizar y finalmente paralizar a las mujeres en la búsqueda de sus libertades y derechos. Me refiero al hecho de comenzar identificando altruismo con solidaridad para terminar adjudicando el altruismo como un patrimonio exclusivo y esencial de «lo femenino».

En primer lugar, el altruismo es un comportamiento que se caracteriza por la incondicionalidad y tiende a establecer vínculos de entrega unilateral. El altruismo no es sinónimo de solidaridad. Hasta casi podríamos decir que es lo opuesto ya que la solidaridad exige reciprocidad, es decir, un ida y vuelta que está excluida en el altruismo.

La primera actitud tramposa del poder patriarcal

fue asimilar la solidaridad con el altruismo por lo que tienen en común y omitir lo que tienen de diferente. Ambas se parecen porque comparten una actitud de generosidad loable, pero se diferencian porque mientras la solidaridad se apoya en un intercambio paritario, el altruismo jerarquiza el beneficio de quien recibe a expensas de quien entrega. Como tantas otras veces, la mitad de una verdad suele resultar una mentira.

La segunda trampa consiste en hacer del altruismo una «naturaleza femenina» apoyándose en la idea de que «toda mujer es una madre» al estilo de las aspiraciones patriarcales, es decir: abnegada, incondicional y altruista. Una consecuencia directa de esto es el sentimiento que tantas mujeres experimentan de sentirse obligadas a ser madres de todo el mundo, aún de quienes no son sus hijos y hasta de los hijos que ya se valen por sí mismos.

Bajo la apariencia de preservar para bien de la Humanidad sentimientos tan nobles y escasos como es la generosidad, el poder patriarcal le adjudicó en exclusividad el altruismo a la mujer haciendo de ello un emblema del género femenino y de ella, la responsable máxima de su ejercicio. Una vez más la mujer es Pandora, sobre quien pesa la felicidad o desgracia de la humanidad. Es comprensible entonces que, confundidas por la identificación tendenciosa y temerosas de sentirse una «mujer desnaturalizada» muchas de ellas se sientan incómodas o culposas cuando son acusadas de falta de solidaridad por negarse a ser altruistas.

En términos de poder, el altruismo favorece

vínculos desiguales que promueven la explotación de quien «se entrega» a beneficio de quien recibe. La solidaridad en cambio, condiciona un reparto igualitario que disminuye marginaciones y privilegios. Es por esta diferencia sustancial que considero de vital importancia diferenciar estos dos conceptos cuyo esclarecimiento se convierte en un instrumento de suma eficacia para desactivar los atentados simbólicos que permanentemente acosan a las mujeres en su transitar por lo público. Así como dicen que «cuando una sabe lo que quiere, encuentra lo que busca» también podemos pensar que cuando logramos desenredar los hilos del entendimiento que nos aprisionan es posible escapar de jaulas esclavizadoras que, aunque doradas, no dejan de ser jaulas. El altruismo, asignado casi en exclusividad al llamado «bello sexo» y presentado como un privilegio que enaltece a las mujeres es uno de los recursos más ejemplares de dominación encubierta.

Esta dominación encubierta es uno de los muchos pilares que sustentó la ausencia femenina en el arte. Por altruismo, muchas mujeres crearon para otros sin reclamar jamás méritos ni develar su participación. Por altruismo, muchas otras postergaron sus anhelos en pos de sostener económica y afectivamente las aspiraciones de otros. Por altruismo muchas renunciaron a poner en evidencia sus capacidades para encubrir las limitaciones de quienes amaban. Por altruismo engañoso e impuesto muchas perdieron entrenamiento solidario quedando atrapadas en un sistema que las convertía en verdugos de su propia condena.

Para finalizar deseo dejar muy claro —para evitar ser malentendida— que estoy convencida que la ausencia femenina en el arte no es un producto exclusivo de la sexuación del dinero ni tampoco de la naturalización del altruismo. He centrado mi aporte en estos aspectos acotados y parciales con la pretensión de arrojar un poco de luz en temas que he investigado desde hace años. Considero que la ausencia de la mujer en el arte forma parte de un fenómeno de discriminación mucho más abarcativo y de gran complejidad que incluye factores conscientes e inconscientes, sociales, económicos y políticos. En pocas palabras, que la marginación femenina en el arte es producto de un sistema de poder que se caracteriza por ser, además de autoritario, fundamentalmente antisolidario.

En el umbral del siglo XXI, son muchas las mujeres —a las que se agregan no pocos varones— convencidas que la esclavitud no es «natural», que los privilegios de algunos limitan los derechos de muchos y que la desigualdad promueve violencia. Estas certezas, que personalmente comparto, me llevan a sostener que la única alternativa para rescatar una vida que merezca ser vivida es la solidaridad. Y en ese sentido creo firmemente que la solidaridad no es un sueño, sino un compromiso ético y una construcción social.

Incidencia del género en las negociaciones cotidianas y obstáculos subjetivos que obturan el acceso a una ciudadanía plena[24]

¿El género mujer condiciona una ciudadanía fantasma?

Ciudadanía plena versus ciudadanía fantasma

Es un gran honor y un enorme placer para mi participar en este congreso y aportar algunas claves surgidas de mis investigaciones sobre problemáticas específicas del género femenino llevadas a cabo durante más de 20 años. El tema que nos convoca plantea grandes desafíos. Entre ellos no solo el de poner en evidencia las múltiples y encubiertas marginaciones femeninas que legal y socialmente

---

24. Trabajo presentado en el Congreso Internacional SARE 2004 ¿«Hacia qué modelo de ciudadanía»?, 10 y 11 de noviembre de 2004, Bilbao, España.

obturan el acceso a una ciudadanía plena para las mujeres, sino también las interferencias psicológicas que desde el fondo de la propia subjetividad femenina dificultan el ejercicio pleno de la ciudadanía. Sabemos que los condicionamientos psicosociales de género van conformando una subjetividad femenina que ubica a las mujeres como seres altruistas, incondicionales y abnegados al servicio de los otros. Desde tiempos inmemoriales las mujeres hemos sido educadas *en la dependencia y para la dependencia* lo cual significa entre muchas otras cosas, estar más preparadas para satisfacer los deseos, intereses y necesidades ajenos que las propias. Hemos sido educadas para amar al otro «más que a sí misma» —contrariamente a lo que sostiene el mandamiento— y en estas condiciones, el ejercicio de una ciudadanía plena tropieza con muchos obstáculos. Es posible comprobar que aún en aquellas sociedades que se consideran solidarias, democráticas y avanzadas las mujeres no logran estar en posesión de una ciudadanía plena. Se trata más bien de algo que —según mi criterio— denominaría como una ciudadanía fantasma. Es decir que conserva en apariencia el derecho de participar, opinar y decidir, pero en la práctica cotidiana ese derecho se desdibuja y no son pocas las mujeres que siguen acomodándose a los deseos ajenos sin poder otorgarle a sus propias necesidades el mismo rango y jerarquía. Ciudadanía y vida cotidiana son dos aspectos de una misma realidad: la realidad de la convivencia y dicha convivencia transcurre en un laberinto de intercambios humanos que pone necesariamente en juego las diferencias de opiniones, deseos, intereses, necesidades, ilusiones, proyectos, ideales, ambiciones, etc. Creo no equivocarme al sostener que un tema clave de la convivencia reside justamente en la manera en que los humanos logramos resolver las diferencias y es aquí donde entra en juego el tema de las negociaciones cotidianas. Si no es posible abordar saludablemente dichas negociaciones resulta muy difícil ejercer una ciudadanía plena, porque así como la economía bien entendida empieza por casa, la ciudadanía plena empieza en el día a día con los más allegados.

Ciudadanía y legitimación subjetiva

Ser ciudadana es tener el derecho que permite participar y decidir de todo lo que concierne a la sociedad en la cual se vive. En la antigua Grecia, cuna de la democracia, las mujeres quedaban al margen del derecho ciudadano y en la actualidad no son pocas las sociedades que aún marginan a la población femenina del protagonismo social y político. Las sociedades que fueron capaces de incluirlas tuvieron que transitar un largo y laborioso proceso lleno de obstáculos al cabo del cual se logró implementar leyes sociales que legitimaron para las mujeres el derecho de ciudadanía por el cual se nos permitía participar, opinar y decidir, tanto en lo público como en lo privado. Sin embargo la legitimación social de las mujeres como sujetos de derecho no siempre se corresponde con la legitimación subjetiva que las propias mujeres practican consigo mismas. Es decir, no son pocas las mujeres que teniendo derecho al pleno ejercicio de la ciudadanía se sienten subjetivamente impedidas de usarlo en la práctica cotidiana.

Recuerdo como ejemplo el comentario de una mujer con la que me puse a conversar en un transporte público en esta misma ciudad, hace justamente un año. Ella lamentaba haber tenido que abandonar esta ciudad que le encantaba y donde tenía amistades y desarrollaba actividades que la entusiasmaban porque su marido se había jubilado y quería volver a vivir a su pueblo de origen. Ante mi pregunta de por qué había aceptado algo que le había cambiado tanto la vida para peor me contestó rápidamente y muy convencida:

> Mira niña, en España hay un dicho que dice: «Donde está la Catedral está Madrid y donde está el marido está la mujer», es así y yo lo apruebo.

Este ejemplo, entre muchos otros de la vida cotidiana pone en evidencia que aunque las mujeres hayan logrado leyes que legitiman sus derechos como es por ejemplo poder decidir junto con el marido el lugar de residencia, es posible comprobar que no siempre pueden hacerlo porque existe una falta de legitimación subjetiva que obstruye el ejercicio pleno de los derechos legales tan arduamente conseguidos. Se trata de una contradicción entre los derechos otorgados y los derechos asumidos, entre la legitimación socio-legal y la legitimación subjetiva. Es una contradicción que genera conflicto, y el conflicto se plantea entre la defensa de las propias necesidades y el modelo de mujer para el que fuimos condicionadas durante siglos.

En esta oportunidad elegiré desarrollar un aspecto muy puntual dentro del amplio abanico del ejercicio ciudadano en la vida cotidiana. Es el de los obstáculos subjetivos que obturan las negociaciones cotidianas y dificultan el ejercicio de una ciudadanía plena.

Mujeres y negociaciones cotidianas

Suele circular una idea errónea acerca de que las negociaciones son patrimonio del ámbito público y más específicamente conectadas con el comercio, el poder y el dinero. En realidad las primeras y eternas negociaciones se llevan a cabo en la vida cotidiana, tanto dentro de cada uno de los géneros como entre mujeres y varones. Sin embargo, a pesar de que esta es una realidad comprobable por cualquiera, resulta llamativo constatar que no pocas mujeres circunscriben las negociaciones al ámbito público, se sienten incómodas o molestas cuando tienen que abordarlas y/o presentan dificultades inexplicables cuando tienen que defender intereses propios a pesar de haberse comportado como eximias negociadoras cuando se trataba de defender intereses ajenos. Años de investigación me llevaron a despejar algunas incógnitas que permiten explicar muchas de estas dificultades aparentemente incomprensibles.

¿Por qué relacionar negociación con género?

Porque los condicionamientos socioculturales han ejercido una influencia decisiva en la formación de la subjetividad femenina favoreciendo confusiones, manteniendo equívocos y alimentando mitos que perpetúan marginaciones y subordinaciones en las mujeres. Entre los equívocos más frecuentes figura el creer que «negociar es violento». Es sabido que los seres humanos somos todos diferentes y, por lo tanto, resulta inevitable resolver las diferencias que surgen de nuestras distintas necesidades y gustos. Las maneras más frecuentes de resolver dichas diferencias son tres: imponiendo, cediendo o negociando. Resulta evidente que imponer es ejercer violencia sobre otro así como ceder aplacatoriamente es ejercer violencia sobre uno mismo. Ambas actitudes son dos caras de una misma moneda: la moneda de la violencia. La negociación, por el contrario, resulta ser el comportamiento menos violento y más democrático ya que el hecho de negociar supone e implica reconocer como legítimos tanto los intereses ajenos como los propios. Sin embargo, a pesar que esta alternativa es la menos violenta, suele ser evitada por las propias mujeres porque los condicionamientos de género fueron conformando una subjetividad femenina que considera meritorio defender los intereses ajenos pero egoísta defender los propios.

El «más acá» de las negociaciones

El aprendizaje de las técnicas de negociación es objeto de enseñanza en los centros académicos más destacados y serios del mundo. A dichos centros concurren mujeres y varones pero esto no significa en absoluto que al finalizar los cursos ambos lleguen a estar en igualdad de condiciones a la hora de poner en práctica los conocimientos aprendidos. Una mujer que era hábil negociadora comentaba «no me entiendo a mí misma porque soy una leona para defender intereses ajenos y cuando tengo que defender los propios se me evapora la fortaleza para negociar». Esta aparente contradicción tiene una explicación sencilla y es que para estar en condiciones de abordar negociaciones es necesario contar con dos tipos de recursos:

a) los que podríamos llamar «conocimientos objetivos», como por ejemplo aprender a utilizar el tiempo, el planteo de las propuestas y el manejo de la información; y

b) los recursos que podríamos llamar «condiciones subjetivas».

Los conocimientos objetivos están al alcance de cualquier persona, mujer o varón, que estudie el tema de la negociación en los cursos especializados y llegar a implementarlos con habilidad dependerá de la capacidad de cada uno.

En cambio, las «condiciones subjetivas» no tienen que ver con la diferencia de sus capacidades sino fundamentalmente con el «permiso interno» para defender las propias necesidades, y esto es algo que está directamente relacionado con los condicionamientos de género. Años de investigación me permitieron analizar dichas «condiciones subjetivas» y llegué a precisar que existen por lo menos seis condiciones que considero son absolutamente necesarias para contar con el «permiso interno» que posibilite hacer uso de los conocimientos objetivos a la hora de abordar negociaciones. Estas condiciones son las siguientes:

- Conectarse con los *deseos propios* y reconocer los *intereses personales.*
- Legitimar el *derecho a defender* dichos intereses.
- Contar o ser capaz de establecer situaciones de paridad (económica, afectiva, legal y/o política) sin la cual la negociación es inviable.
- Disponer de recursos genuinos.
- Proponerse un objetivo y sostenerlo.
- Ser capaz de emitir un «no» y tolerar recibirlos.

Estos requisitos forman parte de las condiciones subjetivas que son imprescindibles para abordar negociaciones con naturalidad. Pero se trata precisamente de actitudes que fueron marginadas de la formación del género femenino. Sabemos que durante siglos las mujeres fueron criadas en la dependencia y para la dependencia y no son pocas las que tropiezan con serias dificultades a la hora de conectarse con sus deseos, de legitimarlos cuando lograron conectarse con ellos y llegar a sentirse con derecho a defenderlos. La paridad y la falta de recursos ha sido una constante en la historia de la humanidad para la mitad hembra de la especie humana. Si a todo esto le agregamos que las mujeres han sido preparadas para satisfacer el deseo ajeno y responder con entrega incondicional a las necesidades de los seres amados, resulta sencillo darse cuenta cuan aparente puede llegar a resultar para muchas sostener un objetivo personal centrado en sus propios intereses. De igual manera, la emisión y recepción de los «no» encuentra obstáculos cuando se choca con la propia autoestima que suele estar devaluada y dependiendo del amor y aprobación ajenos.

Dos obstáculos «clave»

Los estudios feministas han dejado muy claro que la teoría y práctica patriarcal concibió a las mujeres fundamentalmente como madres. Definió el rol maternal basado en tres pilares incuestionables a los que otorgó categoría de biológicos y por lo tanto se consideran como si formaran parte de la «naturaleza» femenina. Estos tres pilares son: el altruismo, la incondicionalidad y la abnegación. Sobre la base de identificar a la mujer con la madre, por carácter transitivo, resulta que las mujeres serán consideradas tanto más femeninas cuanto mejor se comporten como madres altruistas, incondicionales y abnegadas, no solo con sus hijos sino con todo el mundo. Es esta matriz lo que genera y sostiene dos de los obstáculos que resultan clave para comprender muchas de las dificultades con las que tropiezan no pocas mujeres a la hora de abordar negociaciones que involucren intereses personales, aunque hubieran obtenido las mejores calificaciones en los más destacados cursos.

El primer obstáculo reside en que dicho ideal

maternal aparece como totalmente opuesto a las prácticas negociadoras. La incondicionalidad se enfrenta a los condicionamientos propios de toda negociación. La abnegación y el altruismo también se enfrentan a la defensa y sostenimiento de los propios intereses y las mujeres quedan entrampadas en un conflicto inconsciente entre la defensa del ideal femenino y la de sus propias necesidades. En síntesis: la feminización del altruismo inhibe las prácticas negociadoras.

El segundo obstáculo reside en la confusión —en absoluto ingenua y mucho menos inocua— entre altruismo y solidaridad. Ambas actitudes pueden ser consideradas en apariencia como sinónimos en virtud de que tienen en común un componente de generosidad. Sin embargo, fuera de esa coincidencia representan comportamientos totalmente opuestos. El altruismo es la entrega incondicional de una persona que provee a otra sin esperar reciprocidad. Es unidireccional y jerárquico. El mantenimiento del altruismo suele beneficiar a quien recibe a expensas de quien entrega, lo cual deviene, con el tiempo, en una situación de explotación. Por el contrario, la solidaridad es una actitud basada en la ética de la reciprocidad, donde las personas involucradas dan y reciben alternativamente. Por lo tanto es bidireccional y paritaria. La tendencia a identificar erróneamente al altruismo con la solidaridad promueve consecuencias graves para muchas mujeres en lo que a la negociación se refiere. Temen ser vistas como poco solidarias cuando dejan de ser altruistas por defender sus intereses. La médula de este tema es que toda negociación es incompatible con el altruismo pero no lo es con la solidaridad por ello cuando las mujeres tienen clara la diferencia resuelven el conflicto y abordan las negociaciones sin renunciar a sus valores solidarios.

Estos son dos de los obstáculos clave que obturan, en no pocas mujeres, el ejercicio satisfactorio de las negociaciones cotidianas y, por lo tanto, también de todas las negociaciones que exceden el ámbito doméstico y privado.

El acceso a una ciudadanía plena

La ciudadanía plena requiere de la «legitimación subjetiva» para asumir los derechos otorgados. Es necesario que las personas sean conscientes de sus deseos sin desdibujarse ni esconderse tras los deseos ajenos. Que estén en condiciones de legitimar sus propios intereses sin sentirse por ello «personas egoístas». Que puedan defender sus objetivos sin caer en las tan frecuentes y reiteradas autopostergaciones en nombre del amor como suelen hacerlo tantas mujeres. Que dispongan de recursos propios (económicos y otros) evitando las dependencias insalubres y que puedan llegar a sentirse en situación de paridad para sus semejantes a pesar de las diferencias. La ciudadanía plena requiere de permanentes negociaciones consigo misma que favorezcan decisiones con conciencia de los costos porque no es cierto que «hay cosas que no cuestan nada». En la vida todo tiene un costo y el mayor peligro es desconocerlo. Por eso considero de fundamental importancia tomar conciencia de que existen condicionamientos de género que si bien influencian a varones y mujeres, es en estas últimas donde se infiltran inconscientemente las restricciones que les dificultan legitimar en su propia subjetividad el derecho a una ciudadanía plena.

Sobre la autora

Vive en Buenos Aires, Argentina.

Psicóloga clínica, por la Facultad de Psicología de la Universidad de Buenos Aires (1966). Investigadora de las problemáticas del dinero, el poder, el éxito, la negociación y el amor, desde la perspectiva de género, lleva varias décadas de análisis en temas críticos en la vida de las mujeres.

Especialista en coordinación de grupos. Miembro de la Asociación Argentina de Psicología y Terapia de Grupo. Co-fundadora del Centro de Estudios de la Mujer (CEM) de Buenos Aires, Argentina.

Su trabajo y trayectoria le han valido ser galardonada con el Premio Konex 2016 que tradicionalmente premia a las 100 personalidades más destacadas de la última década en 20 categorías de humanidades argentinas. El Gran Jurado decidió crear ese año, excepcionalmente, una disciplina número 21 denominada «Estudios de género» para reconocer a aquellas personalidades que se han destacado en la última década en esta especialidad.

En 2005 fue seleccionada como parte de las «Mujeres destacadas de la década» en el evento llevado a cabo en Salón Azul del Honorable Senado de la Nación Argentina; y en el 2006 fue galardonada con el «Premio Reconocimiento» de la Fundación Agenda Mujeres de Argentina, por los aportes en la difusión de los derechos humanos de las mujeres.

Hasta el día de hoy, sigue ejerciendo como conferenciante invitada en diversos cursos y eventos internacionales relacionados con la problemática de la mujer en América Latina, Europa y Estados Unidos.

Además de múltiples artículos y colaboraciones en publicaciones y medios de comunicación (prensa, radio y televisión), su obra comprende los siguientes títulos:

El sexo oculto del dinero (1986)
El dinero en la pareja (1989)
Las laberintos del éxito (1992)
Las negociaciones nuestras de cada día (1997)
El amor no es como nos contaron... (2001)
Los cambios en la vida de las mujeres (2005)
(en colaboración con Susana Covas y Anna Freixas)
Decir Basta (2010)
Erotismo, mujeres y sexualidad - Después de los sesenta (2013)
Aventuras en la edad de la madurez (2016)
Transitando - Relatos breves (2018)

En mi trabajo me ha guiado la lucha por desentrañar todo aquello que nos impide, a las mujeres, ser verdaderamente autónomas en el mundo de hoy. He comprobado que muchos de esos obstáculos, aunque con signo distinto, también someten a los hombres. Me gustaría creer que mi trabajo pueda contribuir a mejorar la calidad de vida de las mujeres, la de los hombres y la de las relaciones mutuas… me gustaría creer que eso contribuiría a mejorar nuestras vidas y nuestro entorno.

Ingram Content Group UK Ltd.
Milton Keynes UK
UKHW011847240423
420698UK00007B/193